中国第一部立体成语词典

★第三卷

中国成语印谱

杨桂臣 编著

辽宁教育出版社

目录

A

B

C

H

J

不识抬举		【不识抬举】bù shí tái jǔ 抬举：称赞，推荐，提拔。多指不理解或不珍视别人对自己的好意。
不同凡响		【不同凡响】bù tóng fán xiǎng 凡响：平凡的音乐。形容事物很不平常。多指文艺作品。
开诚布公		【开诚布公】kāi chéng bù gōng 揭示内心的想法，提出公正的见解。形容发表或交换意见时态度诚恳，坦白无私，真诚坦率地说出自己的看法。语出《三国志·蜀志·诸葛亮传评》：“诸葛亮之为相国也……开诚心，布公道。”
花团锦簇		【花团锦簇】huā tuán jǐn cù 锦：有文彩的丝织品；簇：丛聚，聚成团。形容华丽而又高贵的服饰。也用来形容五彩缤纷、繁盛艳丽的景象。《儒林外史》第三回：“人逢喜事精神爽，那七篇文字，做的花团锦簇一般。”

不共戴天		【不共戴天】bù gòng dài tiān 戴：顶着。不跟仇敌在天底下一起生活。《礼记·曲礼》：“父之仇，弗与共戴天。”原指儿子要为父亲报仇，后来指仇恨极深，誓不两立。
不露声色		【不露声色】bù lòu shēng sè 声色：说话的声音和脸上的表情。不能让心里的打算从话音和脸色上流露出来。
患难与共		【患难与共】huàn nàn yǔ gòng 常指共同承担灾祸与困难。
心坚石穿		【心坚石穿】xīn jiān shí chuān 意志坚决可以把石头穿透。比喻下了决心，什么困难都能克服。宋·江邻几《杂志》引封特卿《离别难》诗：“佛许众生愿，心坚石也穿。”

不差累黍		【不差累黍】bù chā lěi shǔ 累黍：古时两种微小的重量单位，极微小的数量。多形容丝毫也不差。
不绝如缕		【不绝如缕】bù jué rú lǚ 绝：断；缕：细线。比喻技艺或其他方面的继承人稀少，还比喻局面危急或声音细微。唐·柳宗元《河东先生集·寄许京兆容节》：“以是嗣续之重，不绝如缕。”
长此以往		【长此以往】cháng cǐ yǐ wǎng 指长期地这样坚持下去。
沉李浮瓜		【沉李浮瓜】chén lǐ fú guā 把李子和瓜放在水里。指用水冷却后再食用，可以解暑。三国·魏·曹丕《与朝歌令吴质书》：“浮甘瓜于清泉，沉朱李于寒水。”

背道而驰		【背道而驰】bèi dào ér chí 背：背向；道：道路；驰：奔跑。指朝着相反的方向奔跑。比喻彼此的方向或目的是完全相反的。唐·柳宗元《河东先生集·杨评事文集后序》："其余各探一隅，相与背驰于道者，其去弥远。"
言行一致		【言行一致】yán xíng yī zhì 所说的和所做的是一个样儿。
一尘不染		【一尘不染】yì chén bù rǎn 染：沾染。佛家把色、声、香、味、触、法叫做"六尘"，把眼、耳、鼻、舌、身、意叫做"六根"，并认为"六尘"产生于"六根"，因此把所谓"六根清净"的叫做"一尘不染"。原指佛教徒修行，摒除欲念，保持心地洁净。后来多用以形容清净、纯洁。宋·张耒《柯山集·腊初小雪后圃梅开》诗："一尘不染香到骨，姑射仙人风露身。"
同舟共济		【同舟共济】tóng zhōu gòng jì 济：渡水。大家坐在一条船上过河。比喻在困难的环境中，大家同心协力，战胜困难。《孙子·九地》："夫吴人与越人相恶也，当其同舟而济，遇风，其相救也，若左右手。"

不可终日		【不可终日】bù kě zhōng rì 终日：过完一天。比喻一天也过不下去了。语本《礼记·表记》“不以一日使其躬，僾焉如不终日”。
不宁唯是		【不宁唯是】bù níng wéi shì 宁：文言助词；唯：只是；是：这样。指不只是这样，即不但如此。语出《左传·昭公元年》。
不丰不杀		【不丰不杀】bù fēng bù shā 丰：满；杀：减少。《礼记·礼器》：“礼不同，不丰不杀。”原指不奢侈，也不节省。后来表示数量不增也不减。
并行不悖		【并行不悖】bìng xíng bù bèi 悖：违背，抵触。指同时进行，互不抵触。语出《礼记·中庸》。

一路平安		【一路平安】yī lù píng ān 指对出门人的祝福语。也是提醒或礼节用语。
一寸丹心		【一寸丹心】yī cùn dān xīn 丹心：赤心。一片赤诚的心。宋·杨万里《诚斋集·新除广东常平之节感恩书怀》诗："向来百炼今绕指，一寸丹心向日明。"
一视同仁		【一视同仁】yī shì tóng rén 常表示对人不分厚薄，同等看待。语本唐·韩愈《昌黎先生集·原人》"一视而同仁"。
真才实学		【真才实学】zhēn cái shí xué 表示有真实的才能和学问。《水浒》第二十九回："这是武松平生的真才实学，非同小可。"

脚踏实地		【脚踏实地】jiǎo tà shí dì 比喻做事踏实，实事求是，不浮夸。据宋·邵伯温《邵氏闻见录》中记述，司马光曾经问邵雍说：“我是怎样的人？”邵雍回答说：“君实脚踏实地人也。”
解放思想		【解放思想】jiě fàng sī xiǎng 让思想从各种束缚当中解放出来。
博而不精		【博而不精】bó ér bù jīng 形容学识广博而不专精。《后汉书·马融传》：“贾君精而不博，郑君博而不精；既精既博，吾何加焉！”
来而不往非礼也		【来而不往非礼也】lái ér bù wǎng fēi lǐ yě 有来无往，这是于礼不合的。《礼记·曲礼上》：“往而不来，非礼也；来而不往，亦非礼也。”现表示要向对方施将于自己的行动作出反应。

骨肉相连		【骨肉相连】gǔ ròu xiāng lián 像骨头和肉一样互相沾连着。比喻关系密切，不可分离。
安之若素		【安之若素】ān zhī ruò sù 安：心安；之：文言代词，指代人或事物；素：平常，往常。对待困窘的遭遇毫不介意，心情平静得像往常一样。现也指对于错误的言论或事物也不闻不问，听之任之。
天翻地覆		【天翻地覆】tiān fān dì fù 天和地都调了一个一个儿。多形容变动极大或闹得很凶。唐·刘商《胡笳十八拍》诗："天翻地覆谁得知，如今正南看北斗。"
教学相长		【教学相长】jiào xué xiāng zhǎng 教的和学的相互促进。《礼记·学记》："学然后知不足，教然后知困。知不足然后能自反也；知困然后能自强也；故曰教学相长也。"现指师生之间的互相促进，共同提高。

后浪推前浪		【后浪推前浪】hòu làng tuī qián làng 比喻新生的事物替换陈旧的事物，使其不断地前进。
不在话下		【不在话下】bù zài huà xià 多用于旧小说中，表示故事暂时告一段落，转入别的情节。现形容事情很轻微，不值得一说，或不成问题。
天高地厚		【天高地厚】tiān gāo dì hòu 《诗经·小雅·正月》："谓天盖高，不敢不局；谓地盖厚，不敢不蹐。"原比喻专制压迫下的生活痛苦。后比喻恩情深厚。
自得其乐		【自得其乐】zì dé qí lè 乐：快乐，乐趣。自己能够得到其中的乐趣或兴趣。明·陶宗仪《辍耕录》卷二十："白翎雀生于乌桓朔漠之地，雌雄和鸣，自得其乐。"

不咎既往		【不咎既往】bù jiù jiù wǎng 既：已经；往：过去；咎：责备，加罪。对过去做错的事不再追问和责备。语出《论语·八佾》。
一日千里		【一日千里】yī rì qiān lǐ 原形容马跑得很快。《庄子·秋水》："骐骥骅骝，一日而驰千里。"后也形容进步或发展的迅速。
雅俗共赏		【雅俗共赏】yǎ sú gòng shǎng 雅俗：旧时把有文化的人称作"雅人"，把没有文化的人称作"俗人"。指不论文化水平的高低，都能够欣赏。明·孙人儒《东郭记·緜驹》："闻得有緜驹善歌，雅俗共赏。"
按部就班		【按部就班】àn bù jiù bān 部、班：门类，次序；就：归于。原指写文章时结构安排得当，选词、造句都合乎规范。《文选·陆机〈文赋〉》："然后选义按部，考辞就班。"现形容做事按照一定的条理，遵循一定的顺序。也有时指按老规矩办事，缺乏闯劲。

苦尽甘来		【苦尽甘来】kǔ jìn gān lái 甘：甜。比喻苦日子已经结束了，好日子来了。《元曲选·张国宾〈合汗衫〉三》：“这也是灾消福长，苦尽甘来。”
天涯海角		【天涯海角】tiān yá hǎi jiǎo 涯：边际。形容非常偏僻遥远的地方。宋·张世南《游宦记闻》：“今之远宦及远服贾者，皆云天涯海角，盖言远也。”
广土众民		【广土众民】guǎng tǔ zhòng mín 形容土地非常广阔，人民众多。语出《孟子·尽心上》。
宽大为怀		【宽大为怀】kuān dà wéi huái 指抱着宽大的心情来对待那些犯了错误的人或处理案情。

先忧后乐		【先忧后乐】xiān yōu hòu lè 形容对人民疾苦的关心。也指事先能劳心苦思，则事后可得到安乐。汉·刘向《说苑·谈丛》：“先忧事者后乐，先傲事者后忧。”
同心协力		【同心协力】tóng xīn xié lì 多指思想一致，共同努力。也作“协力同心”。语出《三国演义》第一回：“我三人结为兄弟，协力同心，然后可图大事。”
一如既往		【一如既往】yī rú jì wǎng 一：都，合；既往：已往。完全跟过去的一样。
直言不讳		【直言不讳】zhí yán bù huì 讳：避忌，隐讳。形容有话直说不兜圈子，毫不隐讳。语出《晋书·刘波传》：“臣鉴先生征，窃惟今事，是以改肆狂瞽，直言不讳。”

并驾齐驱		【并驾齐驱】bìng jià qí qū 并驾：几匹马并排拉一辆车；齐驱：一齐快跑。南朝·梁·刘勰《文心雕龙·附会》："并驾齐驱，而一毂统辐。"比喻齐头并进，不分上下。
慷慨激昂		【慷慨激昂】kāng kǎi jī áng 慷慨：情绪激动；激昂：振奋昂扬。唐·柳宗元《河东先生集·上权德舆补阙温卷决进退启》："今将慷慨激昂，奋攘布衣。"形容充满革命志气，精神振奋。
不过尔尔		【不过尔尔】bù guò ěr ěr 尔（前）：如此，这样；尔（后）：同"耳"，罢了。也不过如此而已。意思是说就这一点儿或没有什么了不起的。
不可理喻		【不可理喻】bù kě lǐ yù 喻：使明白。指不能够用道理来使他明白。形容态度蛮横，不讲道理。

家喻户晓		【家喻户晓】jiā yù hù xiǎo 喻：明白；晓：知道。形容家家户户人人皆知。
治病救人		【治病救人】zhì bìng jiù rén 比喻真心诚意地通过批评教育来帮助别人改正缺点错误。
只争朝夕		【只争朝夕】zhǐ zhēng zhāo xī 朝夕：一朝一夕，指短暂的时间。力争在最短时间内解决问题，达到目的。形容争分夺秒、努力拼搏的精神。
治国安民		【治国安民】zhì guó ān mín 治：治理；安：使安定，治理好国家，使人民安定。语出《汉书·食货志上》：“财者，帝王所以聚人守位，养成群生，奉顺天德，治国安民之本也。”

海枯石烂		【海枯石烂】hǎi kū shí làn 海枯：海水干涸；石烂：石头风化变成为灰土。形容经历的时间极长。也表示意志坚定，永不会改变。元·郑氏允端《望夫石》诗："石烂与海枯，行人归故乡。"
开宗明义		【开宗明义】kāi zōng míng yì 宗：主旨，指文章的主题，行动的目的等。揭示主题或目的，讲明全部意义。现指说话写文章一开头就把主要意思点明。
国士无双		【国士无双】guó shì wú shuāng 国士：国内最有才干的人。在本国中再找不到第二个的奇才。《史记·淮阴侯列传》："诸将易得耳。至如信者，国士无双。"原是萧何对韩信的评价，后也多用以称赞当代杰出的人才。
兢兢业业		【兢兢业业】jīng jīng yè yè 兢兢：小心谨慎的样子；业业：畏惧的样子。形容工作起来小心谨慎，而又认真踏实。《诗经·大雅·云汉》："兢兢业业，如霆如雷。"

顾全大局		【顾全大局】gù quán dà jú 顾全：照顾到事物的完整，不使受损害；大局：指全盘或整体，多指国家、民族的根本利益所在。一切言论、行动都考虑到全局，不使受到损害。
不可同日而语		【不可同日而语】bù kě tóng rì ér yǔ 不能放在同一时间里来谈论。形容不能相提并论，不能相比。宋·苏轼《书楞伽经后》：“至于遇病辄应，悬断死生，则知经学古者不可同日语矣。”
光彩夺目		【光彩夺目】guāng cǎi duó mù 夺目：耀眼。形容光彩极为鲜艳。
目光如炬		【目光如炬】mù guāng rú jù 炬：火把。眼光亮得像火炬。语出《南史·檀道济传》：“道济见收，愤怒气盛，目光如炬。”（见收，被捕。）原形容发怒，眼睛冒火。后形容见解高明，目光远大。

浪子回头		【浪子回头】làng zǐ huí tóu 浪子：过去指不务正业、游荡的青年。比喻做了坏事的人改过自新。
安家落户		【安家落户】ān jiā luò hù 落户：指定居。安置下家庭，长期住下去。也有时比喻其他生物被引至某地后健壮地生长，旺盛地繁殖。
长年累月		【长年累月】cháng nián lěi yuè 长年：整年，多年；累月：月复一月。形容经过的时间非常漫长。
暗无天日		【暗无天日】àn wú tiān rì 形容邪恶势力统治下社会的极端黑暗。

豁达大度		【豁达大度】huò dá dà dù 豁达：性格开朗；大度：气量大。形容气量宽宏，能够容忍人。
斩钉截铁		【斩钉截铁】zhǎn dīng jié tiě 比喻处理事物或说话坚决果断，毫不犹豫、拖沓。语出宋·释道原《景德传灯录·卷十七·洪州云居道膺禅师》。
光辉灿烂		【光辉灿烂】guāng huī càn làn 灿烂：光彩鲜明的样子。形容光芒耀眼，色彩鲜明。
中流砥柱		【中流砥柱】zhōng liú dǐ zhù 中流：河流中间；砥柱：山名，在河南省三门峡东，立于黄河急流之中，像柱石一般。黄河急流中的砥柱山，任凭河水冲击巍然不动。比喻人英勇坚强，能起支柱作用，在惊涛骇浪中巍然屹立。明·丁鹤年《自咏》诗：“长淮横溃祸非轻，坐见中流砥柱倾。”也比喻在动荡艰难的环境中能起到支柱作用的力量。

不可偏废		【不可偏废】bù kě piān fèi 偏废：偏重了这个而放弃了那个。指在两件事物中不能偏重另一方，而要同时并重。
不足轻重		【不足轻重】bù zú qīng zhòng 指无关紧要的事物，就不值得重视。
不甘示弱		【不甘示弱】bù gān shì ruò 指不甘心地显示自己比别人差。
惊天动地		【惊天动地】jīng tiān dòng dì 形容使人十分的震动。唐·白居易《白氏长庆集·李白墓》诗：“可怜荒冢穷泉骨，曾有惊天动地文。”

背水一战		【背水一战】bèi shuǐ yī zhàn 背水：背向水，表示后面没有退路。据《史记·淮阴侯列传》记载，汉将韩信带兵去攻赵军，出了井陉口，布置了一万人背水列阵，与赵军作战。汉军前临大敌，后无退路，都拼死作战，结果大败赵军。后就用“背水一战”比喻决一死战。
战天斗地		【战天斗地】zhàn tiān dòu dì 形容仁人志士征服和改造大自然的干劲。
知难而进		【知难而进】zhī nán ér jìn 指明知有困难却迎着困难上。
久旱逢甘雨		【久旱逢甘雨】jiǔ hàn féng gān yǔ 逢：遇到。甘雨：甜、好雨。已经旱了很久，竟然遇到一场好雨。比喻急切的希望得到满足的欣喜心情。语见宋·洪迈《容斋随笔》。

不厌其烦		【不厌其烦】bù yàn qí fán 厌：嫌。对于某些不明道理的人，反复讲解，不嫌麻烦。
不逞之徒		【不逞之徒】bù chěng zhī tú 不逞：不如意，欲望没能满足。《左传·襄公十年》："故五族聚群不逞之人，因公子之徒以作乱。"以后就称犯法或捣乱闹事的人为"不逞之徒"。
不折不扣		【不折不扣】bù zhé bù kòu 折、扣：原为商业用语，端口按原价扣除百分之几出售，叫做打折扣。指一点也不打折扣。表示完全的，十足的，一点不差。
操刀必割		【操刀必割】cāo dāo bì gē 操：拿。拿着刀一定要割东西。比喻做事要及时。《资治通鉴·汉纪·文帝六年》胡注引臣瓒曰："太公曰：'日中不彗，是谓失时；操刀不割，是谓失利之期。'言当及时也。"

暗渡陈仓		【暗渡陈仓】àn dù chén cāng 渡：越过；陈仓：古县名，今陕西省宝鸡市东，公元前206年刘邦攻下咸阳，秦王朝被推翻，项羽仗着力量强大，自立为西楚霸王，把巴、蜀、汉中四十一县划归刘邦，封他为汉王。刘邦在往南郑的途中，把经过的栈道都烧了，表示以后不打算再回关中，消除项羽对他的疑忌。不久，刘邦就带兵绕道从故道出兵，在陈仓打败了章邯，又回到了咸阳。后来把这一事实演义为“明修栈道，暗渡陈仓”，以指称作战时在正面迷惑敌人，从侧面突然袭击的战略；还比喻暗中进行的活动。今也指男女间不正当的行径。
一团和气		【一团和气】yī tuán hé qì 原来指态度和蔼。语出宋·朱熹《二程语录》。现多指不分是非的无原则的和气。
不由自主		【不由自主】bù yóu zì zhǔ 意思是由不得自己作主，怎么也控制不住自己。
疾风扫落叶		【疾风扫落叶】jí fēng sǎo luò yè 疾：急速，猛烈。比喻力量很强大、行动迅速得像暴风扫落叶一样。《资治通鉴·晋纪·淝水之战》：“以吾击晋，校其强弱之势，犹疾风之扫落叶。”

不费吹灰之力		【不费吹灰之力】bù fèi chuī huī zhī lì 形容事情做起来一点都不费力气，非常的容易。
不伦不类		【不伦不类】bù lún bù lèi 伦：类；不伦：不同类。不像这一类，也不像那一类。形容为人不正派或做事不规范。《红楼梦》第六十七回："王夫人听了，早知道来意。又见他说的不伦不类，也不便不理他。"
不进则退		【不进则退】bù jìn zé tuì 如果不前进那么就要后退。
归心似箭		【归心似箭】guī xīn sì jiàn 希望像箭离弦后那样快地回到家。形容想回去的心情十分急切。

夜以继日		【夜以继日】yè yǐ jì rì 用晚上的时间接上白天。白天不够用，夜晚接着干。《意林》引《管子》：“商人通贾，倍道兼行，夜以继日。”现多形容学习、工作勤奋，干劲十足。
严阵以待		【严阵以待】yán zhèn yǐ dài 严：严整。指以充分准备好的、用整齐严整的阵势，来等待着敌人。
立竿见影		【立竿见影】lì gān jiàn yǐng 指把竹竿竖在太阳光下，立刻就看到竿的影子。比喻收效迅速。汉·魏伯阳《参同契》卷下：“立竿见影，呼谷传响。”
安身立命		【安身立命】ān shēn lì mìng 安身：容身居住或生活；立命：使精神安定。也指生活有着落，精神有寄托。宁·释道原《景德传灯录·卷十·湖南长沙景岑禅师》：“僧问：‘学人不据地时如何？’师云：‘汝向什么处安身立命？’”

不近人情		【不近人情】bù jìn rén qíng 语本《庄子·逍遥游》："大有径庭，不近人情焉。"（径庭，偏激。）指性情或行为都很怪僻，有些不合情理。
草菅人命		【草菅人命】cǎo jiān rén mìng 草菅：野草。指把人命看得跟野草一样。形容轻视人命，任意杀害。语本《汉书·贾谊传》"其视杀人，若艾草菅然"。
坚定不移		【坚定不移】jiān dìng bù yí 移：改变，背弃。指思想意识坚定，坚持到底，决不改变。
抽薪止沸		【抽薪止沸】chōu xīn zhǐ fèi 抽掉锅下的柴草来停止锅里开水的沸腾。比喻从根本上彻底地解决问题。

安营扎寨		【安营扎寨】ān yíng zhā zhài 安、扎：安置，健立；营：营房；寨：军营四周的栅栏。指军队驻扎下来。语本《元曲选·无名氏〈隔江斗智〉二》："这周瑜匹夫，累累兴兵来索取俺荆州地面，如今在柴桑渡口安营扎寨，其意非小。"现在有时比喻建立临时的基地。
安土重迁		【安土重迁】ān tǔ zhòng qiān 土：乡土；重：难。形容留恋乡土，不愿轻易迁移到外地。语出《汉书·元帝纪》。
雄心壮志		【雄心壮志】xióng xīn zhuàng zhì 形容伟大的胸怀，豪壮的理想。
活龙活现		【活龙活现】huó lóng huó xiàn 龙：古代传说的一种灵怪动物。指言语文章描绘得很生动，使人感到就像亲眼看到的一样。

开天辟地		【开天辟地】kāi tiān pì dì古代传说盘古氏开天辟地，才开始有了人类的历史。《太平御览》引徐整《三五历记》：“天地浑沌如鸡子，盘古生其中。万八千岁，天地开辟，阳清为天，阴浊为地，盘古在其中。”后表示以前从未有过、有史以来第一次。
专心致志		【专心致志】zhuān xīn zhì zhì 致：尽，极；志：心意。指工作一心一意，聚精会神。《孟子·告子上》：“今夫弈之为数，小数也，不专心致志，则不得也。”
励精图治		【励精图治】lì jīng tú zhì 励：同“厉”，振作；图：谋取。振奋精神，想办法治理好国家。《汉书·魏相传》：“宣帝始亲万机，厉精为治。”
不计其数		【不计其数】bù jì qí shù 计：计算。无法计算的数目。形容很多。

解囊相助		【解囊相助】jiě náng xiāng zhù 囊：口袋。指解开口袋拿出财物来帮助别人。
持之有故		【持之有故】chí zhī yǒu gù 故：根据。立论有根据，讲得有理由。语本《荀子·非十二子》："然而其持之有故，其言之成理。"
一举成名		【一举成名】yì jǔ chéng míng 举：举动，行动。金·刘祁《归潜志·七》："南渡后疆土狭隘，止河南陕西，故仕进调官，皆不遽。……故当时有云：'古人云十所窗下无人问，一举成名天下知，今日一举成名天下知，十年窗下无人问也。'"原是指科举时中了进士就天下闻名。现也指一下子就有了名气。
一刻千金		【一刻千金】yī kè qiān jīn 时间像金子一样。比喻时光的宝贵。宋·苏轼《春夜》诗："春宵一刻值千金，花有清香月有阴。"

狐群狗党		【狐群狗党】hú qún gǒu dǎng 比喻巴结在一起的一群坏人。语本《元曲选·无名氏〈气英布〉四》："逐着那狐群狗党。"
贵耳贱目		【贵耳贱目】guì ěr jiàn mù 重视耳朵听来的，轻视亲眼看见的。形容轻信传闻，不重事实。北齐·颜之推《颜氏家训·慕贤》："世人多蔽，贵耳贱目，重遥轻近。"
傀得傀失		【傀得傀失】guǐ dé guǐ shī 傀：偶然。形容偶然得到的，又偶然丢失了。语本《列子·力命》："傀傀成者，俏成者也，初非成也。傀傀败者，俏败者也，初非败也。"
怙恶不悛		【怙恶不悛】hù è bù quān 怙：依靠，凭恃；悛：改过，悔改。指一贯作恶，不肯悔改。语本《左传·隐公六年》"长恶不悛，从自及也"。

不能自拔		【不能自拔】bù néng zì bá 拔：摆脱。遇到事情连自己也无法挣脱。
不伏烧埋		【不伏烧埋】bù fú shāo mái 伏：屈服；烧埋：烧埋银（钱），旧时刑律规定的官府向杀人犯追缴赔给死者家属的埋葬费。形容不低头认罪或不听劝解。语本《元曲选·吴昌龄〈风花雪月〉四》："却带累花神，干连风雪，都也不伏烧埋。"
不吝金玉		【不吝金玉】bù lìn jīn yù 吝：吝惜；金玉：指珍宝，也指宝贵的意见。不吝惜宝贵的意见，指出缺点错误，提出批评。也是请人指教的客气话。
草率收兵		【草率收兵】cǎo shuài shōu bīng 草率：马虎，潦草。马马虎虎地就收了兵。比喻工作办事不负责任，草草了事。

不堪设想		【不堪设想】bù kān shè xiǎng 堪：能；设想：对将来情况的拟测、想象。对将来的结果不能想象。也不能预料到将来的结果很坏或很危险。
沧海桑田		【沧海桑田】cāng hǎi sāng tián 大海变为桑田，桑田变为大海。比喻事态变化很大。《神仙传·麻姑》："麻姑自说云，接待以来，已见东海三为桑田。"
亭亭玉立		【亭亭玉立】tíng tíng yù lì 亭亭：耸起的样子；玉立：比喻身长而美丽。多形容女子身材细长秀美或花木等形体挺拔。
排除万难		【排除万难】pái chú wàn nán 排：推开。指扫除重重障碍，克服种种困难。

光前绝后		【光前绝后】guāng qián jué hòu 光：广大；绝：断绝，难继续。扩充了前人所不及的，做出了后人所难能的。宋·朱弁《曲洧旧闻》七："前乎公既无此语，后乎公知莫能继矣，岂不谓光前绝后乎？"
皆大欢喜		【皆大欢喜】jiē dà huān xǐ 人人都高兴满意。《金刚经》："皆大欢喜，信守奉行。"
理直气壮		【理直气壮】lǐ zhí qì zhuàng 直：正确，合理。指理由正确而又充分，说话的气势也就很盛。
宁死不屈		【宁死不屈】nìng sǐ bù qū 宁愿牺牲自己的性命也决不向敌人屈服。

急起直追		【急起直追】jí qǐ zhí zhuī 指立刻行动起来，努力向前追赶。
挥洒自如		【挥洒自如】huī sǎ zì rú 挥：挥动笔杆；洒：洒墨。形容作文章、写字或作画时笔墨的运用自如不受拘束。
火树银花		【火树银花】huǒ shù yín huā 火树：火红的树，树上缀满灯彩；银花：银白色的花，花彩照得通明透亮。形容节日放灯，焰火灿烂、灯烛通明的繁华夜景。语本唐·苏味道《观灯》诗："火树银花合，星桥铁锁开。"
简明扼要		【简明扼要】jiǎn míng è yào 指写文章、说话简单明了，抓住要点。

惨淡经营		【惨淡经营】cǎn dàn jīng yíng 惨淡：苦费心思；经营：某项事情。语本唐·杜甫《丹青引》诗："诏谓将军指绢素，意匠惨淡经营中。"本来是说作画之前的苦心构思。后来形容苦费心思于谋划并从事某项事情或事业。
不得要领		【不得要领】bù dé yào lǐng 要：古"腰"字；领：衣领。旧时长衣服提起腰和领，襟袖自然平贴，所以用"要领"比喻事物的关键。没有掌握住事物的要点或关键。语本《史记·大宛列传》："骞（张骞）不得其要领。"
不亢不卑		【不亢不卑】bù kàng bù bēi 亢：高傲；卑：低，自卑。指既不高傲，也不自卑。
岿然不动		【岿然不动】kuī rán bù dòng 岿然：高高挺立的样子。像高山一样挺立着一动不动。形容高大、坚固，不可动摇。语出《淮南子·诠言训》。

开物成务		【开物成务】kāi wù chéng wù 指通晓万物的道理，按理办事，就能得到成功。语出《易·系辞上》。
海誓山盟		【海誓山盟】hǎi shì shān méng 誓：发誓；盟：盟约。指以山海为誓言，来表示爱情要像山海那样地坚定不移。语见宋·辛弃疾《南乡子·赠妓》下阕。
海角天涯		【海角天涯】hǎi jiǎo tiān yá 涯：边际，尽头。形容偏僻而又很遥远的地方。唐·白居易《白氏长庆集·春生》诗：“春生何处暗周游，海角天涯遍始休。
木人石心		【木人石心】mù rén shí xīn 据《晋书·夏统传》记载，贾充在洛水边见到夏统，想用他的富贵来打动夏统的心，就出动了他的仪仗、乐队和歌女，在夏的船边绕了三圈，“统危坐如故，若无所闻。充等各散曰：‘此吴儿是木人石心也。’”后也用“木人石心”来比喻人不受诱惑，不动心。

莫逆之交		【莫逆之交】mò nì zhī jiāo 莫逆：没有抵触，指思想感情一致；交：交情，友谊。指彼此情投意合，友谊深厚。语出《北史·黎景熙传》："虽穷居独处，不以饥寒易操，与范阳卢道源为莫逆之交。"
草间求活		【草间求活】cǎo jiān qiú huó 草间：草野中。多形容苟且偷生。语出《晋书·周颉传》："吾各位大臣，朝廷丧败，宁可复草间求活，外投胡越邪？"
光风霁月		【光风霁月】guāng fēng jì yuè 光风：雨后初晴时的风；霁：雨雪停止。指雨过天晴时明净的景象。比喻人品高尚，胸怀开阔。宋·黄庭坚《豫章集·濂溪诗序》："舂陵周茂叔（周敦颐），人品甚高，胸怀洒落，如光风霁月。"
光焰万丈		【光焰万丈】guāng yàn wàn zhàng 光焰：光辉。形容光彩极盛。语引唐·韩愈《昌黎先生集·调张籍》诗："李杜文章在，光焰万丈长。"

虎尾春冰		【虎尾春冰】hǔ wěi chūn bīng 通常比喻处境像踩着老虎尾巴、踏在春天的冰上那样极端危险。语出《尚书·君牙》："心之忧危，若蹈虎尾，涉于春冰。"
告朔饩羊		【告朔饩羊】gù shuò xì yáng 告朔：古时诸侯每月初一谒宗庙的祭礼；饩羊：告朔祭庙时做祭品的羊。是周代制度，天子上年时向诸侯颁发下年的历书，诸侯把历书藏在宗庙里，每月初一杀一只羊致祭告朔，然后听政。其后鲁国自文公起不亲到祖庙告祭，只杀一只羊应付一下。后比喻照例应付，敷衍了事。
胡思乱想		【胡思乱想】hú sī luàn xiǎng 多指不切实际、毫无根据地瞎想一阵。
寡鹄单凫		【寡鹄单凫】guǎ hú dān fú 鹄：天鹅；寡：失去配偶的；凫：野鸭。孤单的天鹅，寡居的野鸭。原为古琴曲。《西京杂记》五："齐人刘道强善弹琴，能作《单鹄凫》之弄，听者皆悲，不能自摄。"后多用比喻失去配偶的人。

病从口入		【病从口入】bìng cóng kǒu rù 常指有些病是由于吃东西不小心所造成的。语出《太平御览》三六七引晋·傅玄《口铭》。
急中生智		【急中生智】jí zhōng shēng zhì 在危急的时候突然想出了办法。
咫尺天涯		【咫尺天涯】zhǐ chǐ tiān yá 咫：古时的长度单位，周制八寸为咫；咫尺：指距离很近；天涯：天边，指距离很远。比喻虽然相距很近，却又很难相见，像是远在天边一样。元·王举之《折桂令·虾须帘》："咫尺天涯，别是乾坤。"
南金东箭		【南金东箭】nán jīn dōng jiàn 金：黄金；箭：一种细小坚实可作箭杆的竹子。《尔雅·释地》："东南之美者，有会稽之竹箭焉。西南之美者，有华日之金石焉。"后来就用"南金东箭"比喻高尚的人品、优秀的人才。

病笃乱投医		【病笃乱投医】bìng dǔ luàn tóu yī 笃：病重。比喻在事情危急时盲目地乱找别人想办法。
兵荒马乱		【兵荒马乱】bīng huāng mǎ luàn 形容战时动荡不安的景象。
不稂不莠		【不稂不莠】bù láng bù yǒu 稂：狼尾草；莠：狗尾草；稂、莠都是同谷子相似的野草。语出《诗经·小雅·大田》。本来是说没有野草。后用“既不像稂，又不像莠”，比喻不成材或没出息。
战无不胜		【战无不胜】zhàn wú bù shèng 形容军队百战百胜或做任何事情都能成功。语出《战国策·齐策二》：“战无不胜，而不知止者，身且死，爵且后归，犹为蛇足也。”

据理力争	 （小篆体）	【据理力争】jù lǐ lì zhēng 依据正确的道理，尽力争辩。
藏龙卧虎		【藏龙卧虎】cáng lóng wò hǔ 比喻隐藏着还没有被发现的人才。也指隐藏不露的人才。
光明磊落		【光明磊落】guāng míng lěi luò 磊落：心怀坦白。形容心地光明，胸怀坦白。语出清·王夫之《读通鉴论·汉高帝》："（张良）光明磊落，坦然直剖心臆于雄猜天子之前。"
别具只眼		【别具只眼】bié jù zhī yǎn 形容具有独到的眼光和见解。语出宋·杨万里《诚斋集·送彭元忠县丞北归》诗："近来别具一只眼，要踏唐人最上关。"

可歌可泣		【可歌可泣】kě gē kě qì 泣：不出声地哭。值得人们歌颂赞美，使人感动得流泪。形容事迹的英勇悲壮，感人极深。
不约而同		【不约而同】bù yuē ér tóng 指事先并没有经过商量而彼此的看法或行动都完全一致。
头角峥嵘		【头角峥嵘】tóu jiǎo zhēng róng 头角：比喻青年人显露出来的才能；峥嵘：比喻才能特出。形容青少年的才能特出。语出元·鲜于必仁《折桂令·燕山八景·蓟门飞雨》：“到处通津，头角峥嵘，溥渥殊恩。”
居安思危		【居安思危】jū ān sī wēi 处在安全的环境里，要想到危险、困难有可能出现。语出《左传·襄公十一年》：“居安思危，思则有备，有备无患。”

言之成理		【言之成理】yán zhī chéng lǐ 所讲的言论合乎道理。
智勇双全		【智勇双全】zhì yǒng shuāng quán 指又有智谋，又勇敢。语出《元曲选·张国宾〈薛仁贵·楔子〉》："凭着您孩儿学成武艺，智勇双全，若在两阵之间，必不马到成功。"
面目一新		【面目一新】miàn mù yī xīn 指样子完全改变了，出现了崭新的气象。
正大光明		【正大光明】zhèng dà guāng míng 襟怀坦白，公正无私。

积少成多		【积少成多】jī shǎo chéng duō 指一点一滴的积累，就会从少变多。语出《汉书·董仲舒传》："聚少成多，积小致巨。"
回天乏术		【回天乏术】huí tiān fá shù 回天：比喻力量大，能移转极难挽回的时势；乏术：缺少方法。比喻局势或病情严重，已无法挽救。
涸辙之鲋		【涸辙之鲋】hé zhé zhī fù 涸辙：干车沟；鲋：小鱼。干车沟里的小鱼。指《庄子·外物》里说，庄周在路上看见干车沟里有条小鱼，小鱼请求庄周给它一升半斗的水来救活它。庄说："好，等我到南方去，把西江的水引来救你。"小鱼说："我只不过想得到一升半斗的水来活命而已，照你这样说，那你就要到干鱼店来找我了。"后用"涸辙之鲋"比喻处境十分困难急待援救的人。
顾影自怜		【顾影自怜】gù yǐng zì lián 怜：爱惜。晋·陆机《赴洛道中作二首》之一："伫立望故乡，顾影凄自怜。"原指是说处境不好，剩下自己，只好对着影子，自己怜惜自己了。形容孤独失意的情状。后指自我欣赏的意思。

艰苦卓绝		【艰苦卓绝】jiān kǔ zhuó jué 卓绝：超过一切，无可比拟。多形容在斗争中极其艰苦。
花好月圆		【花好月圆】huā hǎo yuè yuán 指花开得正好、月亮正圆的时候。比喻美好圆满。多用作祝贺新婚的颂辞。
光复旧物		【光复旧物】guāng fù jiù wù 光复：恢复。收复一切曾被敌人占据的国土及财富。语出宋·辛弃疾《美芹十论》："臣愿陛下姑以光复旧物而自期。"
坚贞不屈		【坚贞不屈】jiān zhēn bù qū 贞：坚定，有节操；屈：低头。指坚守气节，不向敌人屈服。

不攻自破		【不攻自破】bù gōng zì pò 多指谬论或谣言不用攻击，自己就破灭或站不住脚了。
不关痛痒		【不关痛痒】bù guān tòng yǎng 不关：不相关，没有关系。痛痒：比喻切身相关的事。指与自身利害没有关系。
举世无双		【举世无双】jǔ shì wú shuāng 举：全。指世上没有第二个。比喻稀少，很难找到。
不甘雌伏		【不甘雌伏】bǔ gān cí fú 甘：甘心，情愿；雌伏：雌鸟伏在那儿，比喻退藏，不进取，无所作为。语本《后汉书·赵典传》“大丈夫当雄飞，安能雌伏”。比喻不甘心处于无所作为的境地。

不知凡几		【不知凡几】bù zhī fán jǐ 凡：总共。不知道总共有多少。表示同类的人或事物都相当多。
重温旧梦		【重温旧梦】chóng wēn jiù mèng 比喻重新经历一次往日的光景。一般用于贬义。
攻无不克		【攻无不克】gōng wú bù kè 克：攻下。要想攻打城池，就没有攻打不下的。形容百战百胜。
不分畛域		【不分畛域】bù fēn zhěn yù 畛域：范围，界限。指不分范围、界限。也比喻相互不分彼此。

不辨菽麦		【不辨菽麦】bù biàn shū mài 菽：豆类。分不清豆子和麦子。形容愚昧无知。语出《左传·成公十八年》：“周子有兄而无慧，不能辨菽麦。”现也指脱离生产实践，缺乏实际经验。
不偏不倚		【不偏不倚】bù piān bù yǐ 倚：偏近一边。指自己的见解和态度不偏向任何一方。
不愧不怍		【不愧不怍】bù kuì bù zuò 愧、怍：惭愧。形容为人做事光明磊落，问心无愧。语本《孟子·尽心上》。
不咎既往		【不咎既往】bù jiù jì wǎng 既：已经；往：过去；咎：责备，加罪。对过去做错的事不再加以责备。语本《论语·八佾》。

不塞不流，不止不行		【不塞不流，不止不行】bù sè bù liú,bù zhǐ bù xíng 原指对佛、道两教不加以堵塞，儒教就不能得到推行。今多指不破除旧的，新的东西就建立不起来。
见义勇为		【见义勇为】jiàn yì yǒng wéi 指看到正义的事情就奋勇地去做。语出《论语·为政》“见放不为，无勇也”。
沧海横流		【沧海横流】cāng hǎi héng liú 沧：同“苍”，深青色；沧海：指大海；横流：指水往四处奔流。比喻政治混乱，社会动荡不安。语出《文选·袁宏〈三国名臣序赞〉》：“沧海横流，玉石同碎。”
不知人间有羞耻事		【不知人间有羞耻事】bù zhī rén jiān yǒu xiū chǐ shì 真不知道世界上有什么可以羞耻的事情。常用于怒斥无耻之徒。语本宋·欧阳修《欧阳文忠集·与高若讷书》。

重足而立，侧目而视		【重足而立，侧目而视】chóng zú ér lì,cè mù ér shì 重足：双脚并拢，不敢移动。指并拢脚站着，不敢前进；斜着眼睛看，不敢正视。形容非常恐惧的样子。语出《史记·汲郑列传》：“令天下重足而立，侧目而视矣！”
经天纬地		【经天纬地】jīng tiān wěi dì 经、纬：比喻规划。规划天地。形容人的才能极大。语出《国语·周语》：“天六地五，数之常也。经之以天，纬之以地。”
不耻下问		【不耻下问】bù chǐ xià wèn 指不以向学问比自己差的或职位比自己低的人请教为可耻。语出《论语·公冶长》：“敏而好学，不耻下问。”
不容置喙		【不容置喙】bù róng zhí huì 置：安放；喙：嘴。不许插嘴的意思。

机不可失		【机不可失】jī bù kě shī 机：时机；失：错过。指时机不可错过。语出《旧唐书·李靖传》："兵贵神速，机不可失。"
后起之秀		【后起之秀】hòu qǐ zhī xiù 秀：特别优异的。后辈中的优秀人物。
聚精会神		【聚精会神】jù jīng huì shén 指把全部精神集中在一起。形容注意力集中。语出汉·王褒《圣主得贤臣颂》。
沧海遗珠		【沧海遗珠】cāng hǎi yí zhū 指大海里的珍珠被采珠者所遗漏。比喻埋没人才或被埋没的人才。语出《新唐书·狄仁杰传》。

灭绝人性		【灭绝人性】miè jué rén xìng 灭绝：完全丧失。指完全失去了人的理性。形容手段极其残暴的行为。
玩物丧志		【玩物丧志】wán wù sàng zhì 玩：欣赏；丧：失去；志：志向。醉心于玩赏某些事物或迷恋于一些无利有害的事情，就会丧失积极进取的志气。语出《尚书·旅獒》：“玩人丧德，玩物丧志。”
不可救药		【不可救药】bù kě jiù yào 救药：治疗。病重得没法医治。常比喻人坏到无法挽救的地步。语出《诗经·大雅·板》：“多将熇熇，不可救药。“（熇熇，火势很大的样子。）
天长地久		【天长地久】tiān cháng dì jiǔ 同天地一样长久。语出汉·张衡《张河间集·思玄》：“天长地久岁不留。”

引人入胜		【引人入胜】yǐn rén rù shèng 胜：胜境，美妙的境地。指吸引人进入优美的境地。语出南朝·宋·刘义庆《世说新语·任诞》："王卫军云，酒正自引人着胜地。"现多指风景或艺术作品非常吸引人。
以理服人		【以理服人】yǐ lǐ fú rén 拿道理来说服别人。指讲明道理，一同前进。
一丝不苟		【一丝不苟】yī sī bù gǒu 苟：苟且，马虎。形容工作态度认真、仔细，一点也不马虎。
一呼百应		【一呼百应】yī hū bǎi yìng 应：接应，响应。一个人提倡，众人响应。

逼上梁山		【逼上梁山】bī shàng liáng shān 语引《水浒》里有许多头领是由于各种原因被逼上梁山造反的。后来就用“逼上梁山”比喻被迫进行反抗。也比喻不得以做某件事情。
拔帜易帜		【拔帜易帜】bá zhì yì zhì 帜：旗子；易：变换。拔去别人的旗子，换上自己的旗子。据《史记·淮阴侯列传》记载，韩信率汉军去攻打赵国，作战之前，先安排了两千人埋伏在赵军营垒附近。交战以后，汉军假装败退，引得赵军出来追击，埋伏的汉军就一下占据了赵军的营垒，拔去赵军的旗子，插上汉军的旗子。赵军回来时一看，以为汉军已经把赵军的将领全部捉去了，顿时全部溃乱。后来就用“拔帜易帜”比喻取而代之。
奔走相告		【奔走相告】bēi zǒu xiāng gào 奔走：走：快跑。形容遇有特别兴奋或震惊的事情时，人们奔跑着互相转告。
辩才无碍		【辩才无碍】biàn cái wú ài 辩才：好口才；碍：阻碍。本佛教用语，形容菩萨说法义理圆通，语言流畅，毫无滞碍。语出《华严经》：“若能知法永不灭，则得辩才无障碍；若能辩才无障碍，则能开演无边法。”后泛指能言善辩。

自成一家		【自成一家】zì chéng yī jiā 形容在某种学问或技术上有独创的见解和风格，能自成体系。语出唐·刘知几《史通·载言》："又诗人之什，自成一家，故风雅比兴，非三传所取。"
一劳永逸		【一劳永逸】yī láo yǒng yì 指费一次劳力而得到永久的安逸。语出后魏·贾思勰《齐民要术·卷三·种苜蓿》："此物长生，种者一劳永逸。"
暴跳如雷		【暴跳如雷】bào tiào rú léi 指大怒得蹦跳呼喊，好像打雷一样猛烈。
一泻千里		【一泻千里】yī xiè qiān lǐ 泻：水很快地往下流。一流就直达千里。语出宋·陈亮《龙川文集·与辛幼安殿撰书》："长江大河，一泻千里。"原来形容水流得很快很远，后来比喻文章或曲调的气势畅达、奔放。

白头如新	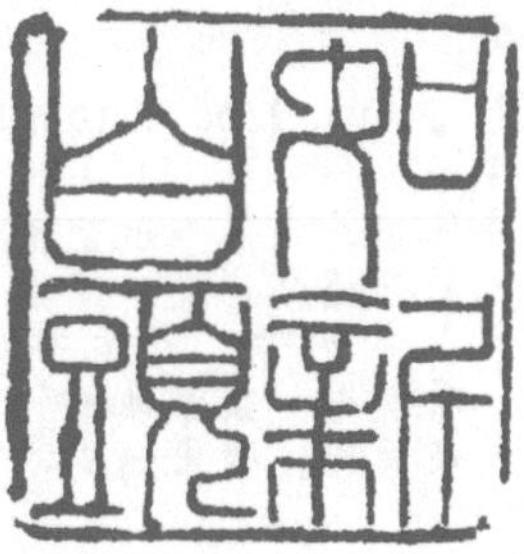	【白头如新】bái tóu rú xīn 白头：老年，形容时间很长；新：新近。指相识已久，还同才认得的一样。多形容交情不深。语出《史记·鲁仲连邹阳列传》。
八拜之交		【八拜之交】bā bài zhī jiāo 八拜：指古时世交子侄见长辈的礼节；交：友谊。旧时称结拜的兄弟、姊妹为八拜之交。语出元·王实甫《西厢记》第一本第一折："有一人姓杜，名确，字君实，与小生同郡同学，当初为八拜之交。"
闭塞眼睛捉麻雀		【闭塞眼睛捉麻雀】bì sè yǎn jīng zhuō má què 多比喻盲目而又无目的地工作。
八面威风		【八面威风】bā miàn wēi fēng 指无论从哪一面看都很威风。形容威风十足的样子。语出《元曲选·无名氏〈马陵道〉一》："可不道大将军八面威风。"

拔苗助长		【拔苗助长】bá miáo zhù zhǎng 语引《孟子·公孙丑上》里说，宋国有个人嫌庄稼长的太慢，就把苗一棵棵地往上拔，回来还夸口说：“今天我帮助苗长了！”儿子听了赶忙去看，苗都枯死了。后就用“拔苗助长”比喻不管事物的发展规律，强求速成，反而把事情弄糟。
草长莺飞		【草长莺飞】cǎo zhǎng yīng fēng 莺：黄鹂。语出南朝·梁·丘迟《与陈伯之书》：“暮春三月，江南草长，杂花生树，群莺乱飞。”后用“草长莺飞”形容江南春天的景色。
运筹帷幄		【运筹帷幄】yùn chóu wéi wò 运：运用；筹：策划；帷幄：军队的帐幕。策划于帐幕之内。引申为筹划，指挥。语出《史记·高祖本纪》：“夫运筹帷幄之中，决胜于千里之外，吾不如子房。”
白璧无瑕		【白璧无瑕】bái bì wú xiá 指洁白的玉上没有一点小斑点。比喻人或事物十全十美，毫无缺点。语出宋·释道原《景德传灯录·卷十三·吉州福寿和尚》：“问：‘不曾博览空王教略，借玄机试道看。’师曰：‘白玉无瑕，卞和刖足。’”

长吁短叹		【长吁短叹】cháng xū duǎn tàn 吁：叹气。指长声、短声地叹气。形容发愁的神情。语出《乐府群珠·无名氏〈金字经〉》："短叹长吁三两声。"
饱以老拳		【饱以老拳】bǎo yǐ lǎo quán 饱：吃够，这里指打够，下省代词宾语"之"；以：文言介词，用，拿。形容用拳头饱打他一顿。语出《晋书·石勒载记》：孤昔日厌卿老拳，卿亦饱孤毒手。"
暗送秋波		【暗送秋波】àn sòng qiū bō 秋波：形容美女的眼睛像秋天的水波一样清澈明亮。原指暗中眉目传情。后来引申为献媚取宠，暗中勾搭。
爱莫能助		【爱莫能助】ài mò néng zhù 莫：没有谁，不。语本《诗经·大雅·烝民》"爱莫助之"。（爱，隐藏）原意是因为隐而不见，所以谁也不能帮助他。后来用"爱莫能助"表示虽然同情，但无能力帮助的意思。

百年树人		【百年树人】bǎi nián shù rén 树：培植；语出《管子·权修》："一年之计，莫如树谷；十年之计，莫如树木；终身之计，莫如树人。"后就用"十年树木，百年树人"比喻培养人才是长久之计，也表示培养人才是很不容易的。
泰山北斗		【泰山北斗】tài shān běi dǒu 泰山：现山东境内名山；北斗：北斗星。指泰山和北斗星。比喻被人们尊重景仰的人物。语出《新唐书·韩愈传》。
集思广益		【集思广益】jí sī guǎng yì 思：思想，意见；广：增广；益：好处。集中群众的意见和智慧，广泛吸收有益的意见。语出诸葛亮《诸葛丞相集·教与军师长史参军掾属》："夫参署者，集众思，广忠益也。"
脱颖而出		【脱颖而出】tuō yǐng ér chū 颖：尖儿。指锥子的整个尖部透过布囊显露出来。比喻人才能全部显示出来。语本《史记·平原君虞卿列传》"使遂早得处囊中，乃颖脱而出"。

笔墨官司		【笔墨官司】bǐ mò guān sī 官司：旧指诉讼，引申为争辩。比喻用文字来表达的对事情的争论。
爱财如命		【爱财如命】ài cái rú mìng 爱：吝啬，贪婪。吝惜钱财就像吝惜他的生命一样。形容剥削者的贪婪、刻薄。
百无一是		【百无一是】bǎi wú yī shì 指在一百件事当中没有一件是对的。多用于对人对事的全盘否定。
暴戾恣睢		【暴戾恣睢】bào lì zì suī 暴戾：凶狠，残暴；恣睢：放纵，指任意干坏事。语出《史记·伯夷列传》。“珙容凶残放纵，横行无忌。”

傍人门户		【傍人门户】bàng rén mén hù 傍：依靠，依附。依附在别人的大门上。语出宋·苏轼《东坡志林》卷十二："桃符仰见艾人而骂曰：'汝何等草芥，辄居我上！'艾人俯而应曰：'汝已半截入土，犹争高下乎？'桃符怒，往复纷然不已。门神解之曰：'吾辈不肖，方傍人门户，何暇争闲气耶！'"后就用"傍人门户"比喻依赖别人，不能自主。
插翅难飞		【插翅难飞】chā chì nán fēi 就算插上翅膀也飞不了。比喻根本无法逃脱。
雨后春笋		【雨后春笋】yǔ hòu chūn sǔn 形容大雨过后，春笋旺盛地生长出来。比喻新生事物蓬勃涌现。
八面玲珑		【八面玲珑】bā miàn líng lóng 玲珑：明澈的样子，转指人机灵、灵巧。语出元·马熙《开窗看雨》诗："八面玲珑得月多。"原指窗户轩敞。后形容处事为人手腕圆滑，面面俱到。今含贬义。

百闻不如一见		【百闻不如一见】bǎi wén bù rú yī jiàn 听到一百次不如亲眼看到一次。指多闻不如亲眼所见的可靠。语出《汉书·赵充国传》："百闻不如一见，兵难遥度，臣愿驰至金城，图上方略。"
本来面目		【本来面目】běn lái miàn mù 原是佛家用语，指人人本有的心性。语出《六祖坛经·行由品》："不思善，不思恶，正与么时，那个是明上座本来面目。"后来比喻事物原来的模样。
跋前踬后		【跋前踬后】bá qián zhì hòu 跋：踩，践踏；踬：被绊倒。比喻进退两难。语出《诗经·豳风·狼跋》："狼跋其胡，载疐其尾。"
抱薪救火		【抱薪救火】bào xīn jiù huǒ 薪：柴。比喻用错误的方法去消灭灾害，反而使灾害扩大。《史记·魏世家》："且夫以地事秦，譬犹抱薪救火，薪不尽，火不灭。"

余勇可贾		【余勇可贾】yú yǒng kě gǔ 余勇：指剩下来的勇力；贾：卖。原意是说，我还有余力可卖，谁要就可以来买。表示还有未使尽的勇力可以使出来。语出《左传·成公二年》："欲勇者贾余（我）余勇。"
曾几何时		【曾几何时】céng jǐ hé shí 曾：文言副词，有"乃"的意味，多用于疑问或否定；几何：若干，多少。才多少时间。指时间不长。语出宋·赵德庄《介庵词·新荷叶》："回首分携，光风冉冉菲菲。曾几何时，故山疑梦还非。"
远见卓识		【远见卓识】yuǎn jiàn zhuó shí 卓：高超。多指不平凡的见识。
春风风人		【春风风人】chūn fēng fēng rén 春风：适宜于草木生长的和风；风人：吹人，指教化人。用春风去吹人。比喻及时给人以教育或帮助。语出汉·刘向《说苑·贵德》："管仲上车曰：'嗟兹乎！我穷必矣！吾不能以春风风人，吾不能以夏雨雨人，吾穷必矣！"

好好先生		【好好先生】hǎo hǎo xiān shēng 指不分是非谁也不敢得罪的人。语出《谭概》："后汉司马徽安否，答曰：'大好。'妻责之曰：'人以君有德，故此相告，何闻人子死，反亦言好？'徽曰：'如卿之言亦大好。'"
黯然销魂		【黯然销魂】àn rán xiāo hún 黯然：心神沮丧的样子；销魂：灵魂离开了躯壳。指心神沮丧得好像失了灵魂。形容人的极度悲伤或愁苦。语出梁·江淹《别赋》："黯然销魂者，惟别而已矣。"
闭关却扫		【闭关却扫】bì guān què sǎo 关：门；却扫：扫除。闭上大门，扫除车迹。多指不与外界往来。语出自梁·江淹《恨赋》："至乃敬通见抵，罢归田里，闭关却扫，塞门不仕。"
铁面无私		【铁面无私】tiě miàn wú sī 形容公正严明，不怕权势，不讲情面，不讲私情。

不痛不痒		【不痛不痒】bù tòng bù yǎng 常比喻议论、批评都不中肯，没有触及要害，也比喻没有彻底地解决问题。
不急之务		【不急之务】bù jí zhī wù 急：急迫，要紧；务：事情。指目前不关紧要的事情。语出《三国志·吴志·孙和传》："诚能绝无益之欲，以奉德义之涂，弃不急之务，以修功业之基，其于名行，岂不善哉！"
不可思议		【不可思议】bù kě sī yì 本是佛教用语。《维摩诘所说经·不思议品》："诸佛菩萨有解脱名不可思议。"原来是说思维所不能达到的境界。现在形容不可想象或难于理解的事物。
花言巧语		【花言巧语】huā yán qiǎo yǔ 原指一味地铺张修饰而无实际内容的言语或文辞，后多指虚伪而好听的话。语本宋·朱熹《朱子语类》。

力争上游		【力争上游】lì zhēng shàng yóu 上游：河的上流。指积极向上。比喻尽力争取先进再先进。
不屑一顾		【不屑一顾】bù xiè yī gù 不屑：认为不值得，不愿意做或不愿意接受；顾：看。形容对某种事物看不起，认为不值得一看。
挺身而出		【挺身而出】tǐng shēn ér chū 形容勇敢地站出来。语出元·王实甫《西厢记》第二本第三折："小生挺身而出，作书与杜将军。"
崇论闳议		【崇论闳议】chóng lùn hóng yì 崇：高；闳：大，也作"宏"，指与众不同，高出一般的议论。语本《史记·司马相如列传》。

管窥蠡测		【管窥蠡测】guǎn kuī lí cè 管：竹管；窥：从孔隙里看；蠡：贝壳做的瓢；测：测量。语出《汉书·东方朔传》："以管窥天，以蠡测海。"意思是从竹管孔里看天，用瓢测量海水，看到的、量到的不过是极小的一部分。比喻对事物的观察和了解很狭窄、片面。
通力合作		【通力合作】tōng lì hé zuò 指不分彼此，共同出力，共同做事。
不经之谈		【不经之谈】bù jīng zhī tán 经：通常的道理；不经：不合道理。形容荒唐毫无根据的话。
背井离乡		【背井离乡】bèi jǐng lí xiāng 背：离开；井：指家乡。形容离开家乡，到外地去。语出《元曲选·马致远〈汉宫秋〉三》："背井离乡，卧雪眠霜。"

昂首阔步		【昂首阔步】áng shǒu kuò bù 昂：扬，仰。形容昂着头，迈着大步，意气风发，无所畏惧地前进。有时形容态度特别高傲。
百川归海		【百川归海】bǎi chuān guī hǎi 川：江河。所有的江河最后都流入大海。比喻人心所向，众望所归或大势所趋。也比喻许多分散的事物汇集到一个地方。语出《淮南子·氾论训》："百川异源，而皆归于海。"
长命百岁		【长命百岁】cháng mìng bǎi suì 指寿命很长，活到一百岁。常用作对婴儿的祝愿语。
本末倒置	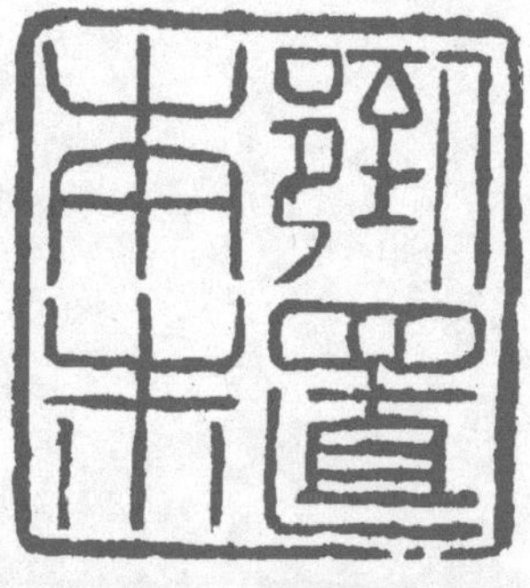	【本末倒置】běn mò dào zhì 本：树根，指事物的根本；末：树梢，指事物的枝节；置：放置。比喻把主次的位置弄颠倒了。

星火燎原		【星火燎原】xīng huǒ liáo yuán 燎原：火烧原野。指一点小火星，可以烧遍整个原野。原来比喻有生命力的微小事物，发展前途非常广阔。现在比喻有力量或新生事物最初虽然微小或尚在萌芽时期，但有旺盛的生命力和广阔的发展前途。
不成体统		【不成体统】bù chéng tǐ tǒng 体统：格局，规矩。指言语行动都没有规矩，不成样子。
天之骄子		【天之骄子】tiān zhī jiāo zǐ 骄子：父母溺爱骄纵的儿子。老天爷的宠儿。汉朝人称匈奴为天之骄子，意谓匈奴为天所骄宠，故极强盛。语见《汉书·匈奴传》。后来也指骄气十足的人。
不可胜数		【不可胜数】bù kě shèng shǔ 胜（旧读阴平）：尽。数不完，非常多。语出《墨子·非攻中》："百胜之道疾病而死者，不可胜数。"

暗中摸索		【暗中摸索】àn zhōng mō suǒ 摸索：探索，寻求。指在黑暗里寻求。语出金·元好问《遗山先生文集卷十一·论诗三十首》："眼处心生句自神，暗中摸索总非真。"也指背着人独自探求。
饱经风霜		【饱经风霜】bǎo jīng fēng shuāng 饱：充分地；经：经过，经历；风霜：指艰难困苦。形容经历过无数的艰难困苦。
安不忘危		【安不忘危】ān bù wàng wēi 危：危险，灾难。在太平或平安的时候，不会忘记灾难或危险有到来的可能性。语出汉·扬雄《扬子云集·长杨赋》："故平不肆险，安不忘危。"
与人为善		【与人为善】yǔ rén wéi shàn 与：和，跟，帮助；为：做；善：好事。指跟人家一同做好事。语出《孟子·公孙丑上》。现指善意帮助人。

孜孜不倦		【孜孜不倦】zī zī bù juàn 孜孜：也作“孳孳”，努力不懈的样子。形容勤奋得不知疲倦。语本《尚书·君陈》“惟日孜孜，无敢逸豫”。（逸豫，安乐。）《后汉书·鲁丕传》：“丕性沈深好学，孳孳不倦。”
一诺千金		【一诺千金】yī nuò qiān jīn 诺：许诺，诺言。一许诺下来就价值千金。比喻说话算数，有信用。语本《史记·季布栾布列传》“得黄金百斤，不如得季布一诺”。
过街老鼠		【过街老鼠】guò jiē lǎo shǔ 比喻人人痛恨的坏人。
光怪陆离		【光怪陆离】guāng guài lù lí 光怪：奇异的光彩；陆离：各式各样。形容奇形怪状、五颜六色。《儒林外史》第五十五回：“那些烧的一声一声的，结成就和太湖石一般，光怪陆离。”

坚如磐石		【坚如磐石】jiān rú pán shí 磐石：大而厚的石头。形容非常坚固，不可动摇。
百年大计		【百年大计】bǎi nián dà jì 指关系到长远利益的重要计划或措施。
半推半就		【半推半就】bàn tuī bàn jù 推：抵拒，推辞；就：凑近，靠近。一边推托一边靠近。形容假意推辞的样子。
超群绝伦		【超群绝伦】chāo qún jué lún 超：超出；绝：尽，断绝；伦：类，同辈。超出众人，同辈中谁也比不上。《三国志·蜀志·关羽传》："亮（诸葛亮）知羽护前，乃答之曰：'孟起（马超）兼资文武，雄烈过人，一世之杰，黥彭之徒，当与翼德（张飞）并驱争先，犹未及髯（指关羽）之绝伦逸群也。'"

举世闻名		【举世闻名】jǔ shì wén míng 举：全。全世界都知道。形容非常著名。
井井有条		【井井有条】jǐng jǐng yǒu tiáo 井井：做事有法，符合规定。形容有条有理，丝毫不乱。《荀子·儒效》："井井兮其有理也。"一作"井井兮其有条理也"。
不可企及		【不可企及】bù kě qǐ jí 企及：企望达到。形容远远赶不上。《唐文粹·柳冕〈答衢州郑使君〉》："不可企而及之者性也。"
患难之交		【患难之交】huàn nàn zhī jiāo 交：交情，朋友。指同在一起经历过忧患、困难的朋友。

悲欢离合		【悲欢离合】bēi huān lí hé 悲哀，喜悦，分离，团聚。表示不同的心情和遭遇。宋·苏轼《水调歌头·丙辰中秋兼怀子由》：“人有悲欢离合，月有阴晴圆缺，此事古难全。”也作“悲欢合散”。唐·元稹《元氏长庆集·叙诗寄乐天书》：“每公私感愤，道义激扬……通滞屈伸，悲欢合散，至于疾恙穷身，悼怀异逝，凡所对遇异于常者，则欲赋诗。”
后继有人		【后继有人】hòu jì yǒu rén 继：继承。指有后人继承前人的事业。
不打自招		【不打自招】bù dǎ zì zhāo 原指还没用刑，自己就招认了罪行。现在比喻不自觉地透露出自己的坏主意。
货真价实		【货真价实】huò zhēn jià shí 货物是道地（没有假冒）的，价钱也是实在（不能打折扣）的。这原是旧时商人招揽生意的用语。现在引申为道道地地，一点不假的意思。

别风淮雨		【别风淮雨】bié fēng huái yǔ “列风淫雨”的误写，“别”本作“列”，“淮”本作“淫”，因字形相似而写错。梁·刘勰《文心雕龙·练字》：“《尚书大传》有‘别风淮雨’，《帝王世纪》云‘列风淫雨’。‘别’‘列’、‘淮’‘淫’字似潜移。‘淫’‘列’义当而不奇，‘淮’‘别’理乖而新异。”后来就把古书文字错误或写别字叫“别风淮雨”。
百战百胜		【百战百胜】bǎi zhàn bǎi shèng 打一百次仗，胜一百次；即每战必胜。形容所向无敌。《孙子·谋攻》：“百战百胜，非善之善者也；不战而屈人之兵，善之善者也。”
弊绝风清		【弊绝风清】bì jué fēng qīng 贪污舞弊的事情完全没有，风气十分良好。形容坏风气一扫而空。《穴文鉴·周敦颐〈拙赋〉》：“上安下顺，弊绝风清。”也作“风清弊绝”。
自力更生		【自力更生】zì lì gēng shēng 更生：重新获得生命，比喻兴建事业。形容靠自己的力量从事建设或解决问题，把事情做好。

宝山空回		【宝山空回】bǎo shān kōng huí 宝山：蕴藏聚积宝物的山。进入宝山却空手回来。《大乘本生心地观经·离世间品》："如人无手，虽至宝山，终无所得。"后来就用"如入宝山空手回"比喻置身学府却一无所和。
百年不遇		【百年不遇】bǎi nián bù yù 上百年也碰不到。形容很少见或很不容易碰到。
暴殄天物		【暴殄天物】bào tiǎn tiān wù 暴：损害，糟蹋；殄：灭绝；天物：指鸟兽、草木等。原指残害灭绝各种自然产生之物。《尚书·武成》："暴殄天物，害虐烝民。"后泛指任意损害、糟蹋物品。
呕心沥血		【呕心沥血】ǒu xīn lì xuè 呕：吐；沥：滴。比喻费尽心思。多用于文艺创作。唐·李商隐《李长吉小传》"遇有所得，即投书囊中。及暮归，太夫人使婢受囊出之，见所书多，辄曰：'是儿要当呕出心乃已尔。'"

百无聊赖		【百无聊赖】bǎi wú liáo lài 聊赖：依赖，指生活或情感上的依托。汉·焦延寿《易林》："身无寥（聊）赖，困穷乏粮。"《后汉书·列女传·蔡琰传》："为复强视息，强生何聊赖。"后"以百无聊赖"表示思想感情没有依托，精神空虚无聊。
义无反顾		【义无反顾】yì wú fǎn gù 义：宜，应该做的事；反顾：回头看。做正当合理的事，只有向前，绝不回头。《文选·司马相如〈喻巴蜀檄〉》："义不反顾，计不旋踵。"
艰苦奋斗		【艰苦奋斗】jiān kǔ fèn dòu 不怕艰难困苦，进行英勇顽强的斗争。
别出机杼		【别出机杼】bié chū jī zhù 机杼：织布机，这里比喻作文的命意构思。比喻写作另辟蹊径。宋·楼钥《攻媿集·跋李伯和所藏书画〈薄薄酒〉二篇》："词人务以相胜，似不若别出机杼。"

肠肥脑满		【肠肥脑满】cháng féi nǎo mǎn 肠肥：指肚子大，形容身体胖。形容生活优裕、养得肥头大耳的样子。含贬义。《北齐书·琅玡王俨（yǎn）传》："琅玡王年少，肠肥脑满，轻为举措。"也作"脑满肠肥"。
长夜难明		【长夜难明】cháng yè nán míng 漫长的黑夜难以见到光明。比喻剥削阶级长期统治的黑暗岁月。
俾昼作夜		【俾昼作夜】bǐ zhòu zuò yè 俾：使。把白天当做黑夜。《诗经·大雅·荡》："式号式呼，俾昼作夜。"形容生活荒淫，夜间寻欢作乐，白天睡大觉。
白日见鬼	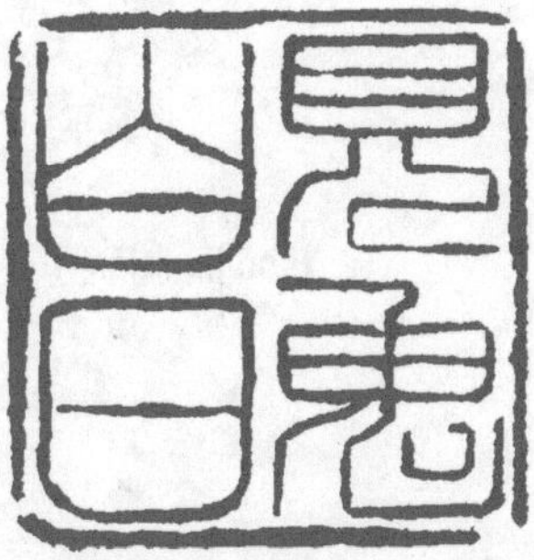	【白日见鬼】bái rì jiàn guǐ 大白天看见鬼。旧时比喻官府里清闲、冷落。宋·陆游《老学庵笔记》："工屯虞水，白日见鬼。"（工屯虞水，指工部、屯田、虞部、水衡等四官衙。）现也比喻事情离奇古怪或无中生有。

安于现状		【安于现状】ān yú xiàn zhuàng 习惯于目前的状况，不求上进。
一帆风顺		【一帆风顺】yī fān fēng shùn 比喻做事、工作非常顺利，没有阻碍。
安如磐石		【安如磐石】ān rúpán shí 磐石：大石头。像磐石那样安然不动。语本《荀子·富国》“则国安于磐石”。
不见天日		【不见天日】bù jiàn tiān rì 看不见天和太阳。比喻社会黑暗，看不到一点光明。

闭门羹		【闭门羹】bì mén gēng 羹：煮成浓液的食品。宋人伪托唐·冯贽《云仙杂记》卷一记载，宣城有个叫史凤的妓女，把客人分成等级，下等的不相见，只用闭门羹接待。后来就用“闭门羹”泛指拒绝客人进门，不与相见。
百步穿杨		【百步穿杨】bǎi bù chuān yáng 能在百步以外射穿选定的某一片杨柳叶子。形容射箭或射击的技术很高明。《三国演义》第五十三回：“（关羽）带箭回寨，方知黄忠有百步穿杨之能。
鞭辟入里		【鞭辟入里】biān pì rù lǐ 鞭辟：鞭策，激励；里：最里层。本作“鞭辟近里”。《论语·卫灵公》程颢注：“学只要鞭辟近里。”意思是要学得切实。现在多用以形容言辞或文章的道理很深刻、透彻。
察言观色		【察言观色】chá yán guān sè 察：细看。观察别人的言语表情。语本《论语·颜渊》“察言而观色”。

一年之计在于春		【一年之计在于春】yī nián zhī jì zài yú chū　一年的计划在春天就要考虑好。南朝·梁·萧绎《纂要》："一年之计在于春，一日之计在于晨。"一般用于提醒人们抓紧时间在年头上就要做好全年的规划。也告诫人们要在一年的开头（春）就做好工作，为全年打好基础。
车水马龙		【车水马龙】chē shuǐ mǎ lóng　车马往来不绝。形容繁华热闹的景象。《后汉书·马后纪》："车如流水，马如游龙。"
八字打开		【八字打开】bā zì dǎ kāi　像"八"字那样，一撇一捺，向两边分开。比喻毫不隐藏，开门见山。宋·朱熹《朱子大全·卷三十五·与刘子澄书》："圣贤已是八字打开了，但人自不领会，却向外狂走耳。"
百无禁忌		【百无禁忌】bǎi wú jìn jì　百：指所有的；禁忌：忌讳。什么都不忌讳。

半信半疑		【半信半疑】bàn xìn bàn yí 一半相信，一半怀疑。即又信又不信。三国·魏·嵇康《嵇中散集·答释难宅无吉凶摄生论》："苟卜筮所以成相，虎可卜而地可择，何为半信而半不信耶？"
变生肘腋		【变生肘腋】biàn shēng zhǒu yè 肘腋：胳肢窝，比喻很近的地方。比喻事变发生在近处。《三国志·蜀志·法正传》："近则惧孙夫人生变于肘腋之下。"
别鹤孤鸾		【别鹤孤鸾】bié hè gū luán 别：离别；鸾：凤凰。失偶的鹤，孤单的鸾。三国·魏·嵇康《嵇中散集·琴赋》："王昭、楚妃，千里别鹤。"晋·陶潜《陶渊明集·拟古》诗："上弦惊别鹤，下弦操孤鸾。"比喻夫妻离散。
阪上走丸		【阪上走丸】bǎn shàng zǒu wán 阪：斜坡；走：快跑，指很快地滚动；丸：弹丸。形容形势发展很快，就像斜坡上滚弹丸一样。《汉书·蒯通传》："边城皆将相告曰，'范阳令先下，而身富贵'，必相率而降，犹如阪上走丸也。"

变化无常		【变化无常】biàn huà wú cháng 无常：没有常态。形容变化极多，不可捉摸。《庄子·天下》："芴漠无形，变化无常。"（芴，通"忽"。）
查无实据		【查无实据】chá wú shí jù 查究起来，没有确实的根据或证据。常同"事出有因"联用。
长林丰草		【长林丰草】cháng lín fēng cǎo 长林：很深的树林；丰草：茂盛的野草。指山林草野禽兽栖止的地方。旧时用以表示隐士居住的地方。三国·魏·嵇康《嵇中散集·与山巨源绝交书》："此犹禽兽少见驯育，则服从教制；长而见羁，则狂顾顿缨，赴汤蹈火。虽饰以金镳，飨以嘉肴，愈思长林而志在丰草也。"
比上不足，比下有余	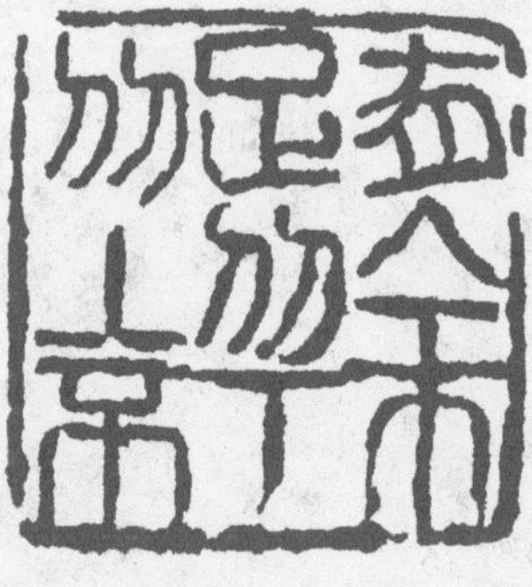	【比上不足，比下有余】bǐ shàng bù zú,bǐ xià yǒu yú 这是甘居中游，满足现状，不努力进取的思想状态。语本晋·张华《鹪鹩赋》"将以上方不足而下比有余"。（方，比。）

安分守己		【安分守己】ān fèn shǒu jǐ 分：指本分；己：指自己活动的范围。原指安于命定的本分或安于现状。现在一般指规矩老实，守本分。
爱憎分明		【爱憎分明】ài zēng fēn míng 憎：恨。形容爱什么恨什么立场非常清楚。
饱食终日		【饱食终日】bǎo shí zhōng rì 整天只是吃饱饭。指什么事也不做。语出《论语·阳货》。
挨门逐户		【挨门逐户】āi mén zhú hù 挨、逐：顺次；户：人家。挨家挨户，一家不漏。

德才兼备		【德才兼备】dé cái jiān bèi 兼备：都具备。思想、品德和工作能力、业务水平都好。
堂堂正正		【堂堂正正】táng táng zhèng zhèng 堂堂：盛大的样子；正正：整齐。原来形容强大整齐的样子。语本《孙子·军争》“无要（yāo）正正之旗，勿击堂堂之陈（阵）”。（要，拦截，攻击。）后来转有光明正大的意思。
众望所归		【众望所归】zhòng wàng suǒ guī 望：仰望，瞻仰；归：归附，趋向。众人所敬仰的。《晋书》卷六十（列传第三十）：“史臣曰：……于时武皇之胤，惟有建兴，众望攸归，曾无与二。”（攸，所。）形容在群众中威望很高，受到敬仰。
长生不老		【长生不老】cháng shēng bù lǎo 长生：永远活着。原为道教的话，后也用作对年长者的祝愿语。《太上纯阳真经·了三得一经》：“天一生水，人同自然，肾为北极之枢，精食万化，滋养百骸，赖以永年而长生不老。”

安民告示		【安民告示】ān mín gào shì 原指旧官厅在新官上任时或社会发生动乱后，发布的安定民心的布告。现在有时比喻在开会或做某一事前把内容通知大家，让大家有所准备。
半途而废		【半途而废】bàn tú ér fèi 废：停止。半路上就停下来了。比喻做事没做完就停止了，不能坚持到底，有始无终。《礼记·中庸》："君子道而行，半途而废，吾弗能已矣。"
筚路蓝缕		【筚路蓝缕】bì lù lán lǚ 筚路：柴车；蓝缕：破衣服。《左传·宣公十二年》："筚路蓝缕，以启山林。"意思是驾着柴车，穿着破旧家服去开辟山林。后用以形容创业的艰辛。
超凡越圣		【超凡越圣】chāo fán yuè shèng 凡：指凡人，普通人。超过了凡人，胜过了圣人。形容造诣精深。宋·释道原《景德传灯录·卷十八·福州玄沙宗一大师》："所以道超凡越圣，出生离死，离因离果，超毗卢，越释迦，不破凡圣因果所谩。"

同甘共苦		【同甘共苦】tóng gān gòng kǔ 甘：甜的。一同尝甜的，也一同吃苦的。比喻同欢乐，共患难。
抱残守缺		【抱残守缺】bào cán shǒu quē 抱：本作"保"，守住不放松。守住陈旧、残破的东西，不肯放弃。原来比喻泥古守旧。《汉书·刘歆传》："犹欲保残守缺，挟恐见破之私意，而无从善服义之公心。"现多比喻思想保守，不肯接受新事物。
髀肉复生	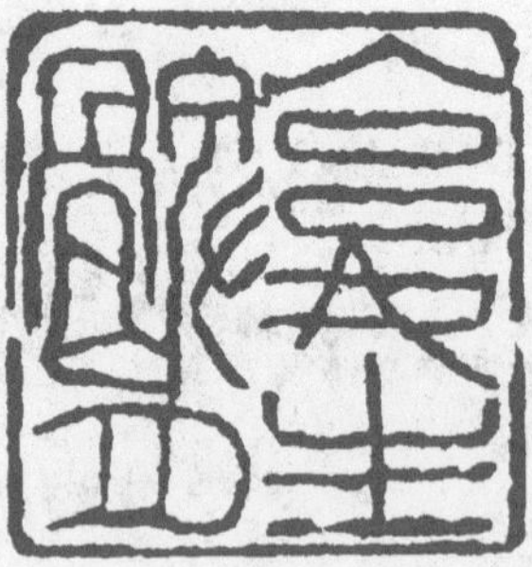	【髀肉复生】bì ròu fù shēng 髀：股部，大腿。大腿上的肉又长起来了。《三国志·蜀志·先主传》裴松之注引《九州春秋》："备住荆州数年。尝于表坐起至厕，见髀里肉生，慨然流涕。还坐，表怪问备。备曰：'吾常身不离鞍，髀肉皆消，今不复骑，髀里肉生。日月若驰，老将至矣，而功业不建，是以悲耳。'"后来就用"髀肉复生"表示慨叹虚度光阴，想要有所作为。
学以致用		【学以致用】xué yǐ zhì yòng 致用：使之应用于实际。学习了要能用于实际。

半面之交	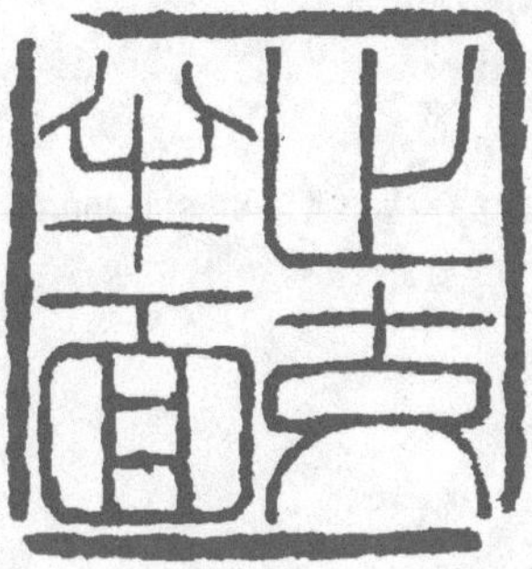	【半面之交】bàn miàn zhī jiāo 《后汉书·应奉传》李贤注引谢承《后汉书》记载，应奉的记忆力非常好，有个车匠曾于门中露半面看他，几十年后，在路上见到那个车匠，应奉还认得他并同他打招呼。后来把只见过一面的人称作“半面之交”。也作“半面之旧”。唐·白居易《白氏长庆集·与元九书》：“初应进士时，中朝无缌麻之亲，达官无半面之旧。”
黯然失色		【黯然失色】àn rán shī sè 黯然：心神沮丧的样子；失色：变了脸色。本指心情不好，脸色难看，后多比喻相形之下很有差距，远远不如。
昂首望天	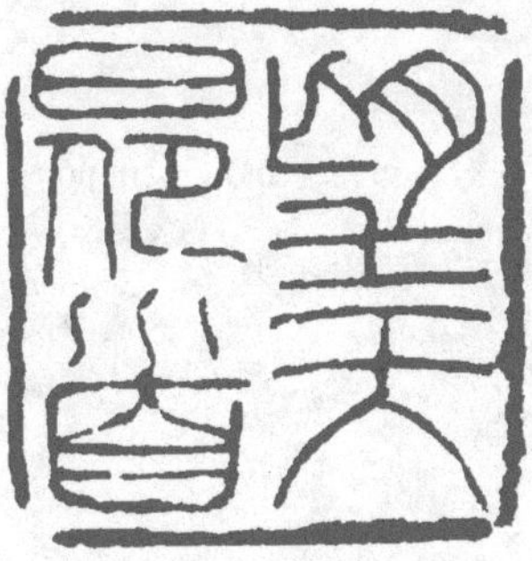	【昂首望天】áng shǒu wàng tiān 仰着头看天。比喻不深入基层，不接触群众，脱离社会实践。
成败论人		【成败论人】chéng bài lùn rén 论：衡量，评定。以成功或失败作为评论人物的标准。语见宋·苏轼《孔北海赞序》。

尊师重道		【尊师重道】zūn shī zhòng dào 尊敬老师，重视应该遵循的道理。《后汉书·孔僖传》：“臣闻圣主莫不尊师重道。”
志同道合		【志同道合】zhì tóng dào hé 道合：遵循的道理相同。形容彼此理想、志趣一致，或所从事的事业相同。《三国志·魏志·陈思王植传》：“昔伊尹之为媵臣，至贱也，吕尚之处屠钓，至陋也，及其见举于汤武周文，诚道合志同，玄谟神通，岂复假近飞之荐，因左右之介哉！”
变本加厉		【变本加厉】biàn běn jiā lì 厉：猛烈。南朝·梁·萧统《文选》序：“盖踵其事而增华，变其本而加厉，物既有之，文亦宜然，”原指比原来更加发展。现在形容情况比原来更加严重。多用于贬义。
草行露宿		【草行露宿】cǎo xíng lù sù 在草野中走路，在露天里睡觉。形容行旅艰苦，也形容行旅的急迫。《晋书·谢玄传》：“（苻坚）余众弃甲宵遁，闻风声鹤唳，皆以为王师已至，草行露宿，重以饥冻，死者十七八。”

骄兵必败		【骄兵必败】jiāo bīng bì bài 骄兵：恃强轻敌的军队。认为自己强大而轻敌的军队必定要打败仗。《汉书·魏相传》："恃国家之大，矜民人之众，欲见威于敌者，谓之骄兵。兵骄者灭。"
铁树开花		【铁树开花】tiě shù kāi huā 铁树：也叫苏铁，产于我国南方，好多年才开一次花；一说铁做的树。比喻极难实现的事情。语出明·王济《君子堂日询手镜》："吴浙间尝有俗谚云，见事难成，则云须铁树花开。"
不露圭角		【不露圭角】bù lù guī jiǎo 圭角：圭玉的棱角，特别锋芒。比喻不露锋芒。也比喻不露才干。语出元·刘邦《归潜志》："如彦高《人月圆》，半是古人句，其思致含蓄甚远，不露圭角，不犹胜于宇文自作者哉？"
不亦乐乎		【不亦乐乎】bù yì yuè hū 亦：也；乎：文言中表示疑问或反问的语气助词，这里相当于"吗"。语出《论语·学而》。原意是"不也是很快乐的吗？"现常用来表示事态发展到极顶的程度。

突飞猛进		【突飞猛进】tū fēi měng jìn 突：忽然，急速。形容事业、学问、技能等进步、发展速度特别快。
日升月恒		【日升月恒】rì shēng yuè héng 升：日出；恒：月上弦，指逐渐圆满。像太阳刚刚升起，像月亮逐渐圆满。比喻事物正当兴旺时期。语出《诗经·小雅·小保》："如月之恒，如日之升。"
叶落归根		【叶落归根】yè luò guī gēn 树叶从树根生发出来，凋落后最终还是回到树根。比喻事物总有一定的归宿。多指作客他乡的人最终要回到故乡。语出宋·释道原《景德传灯录·卷五·第三十三祖慧能大师》："叶落归根，来时无口。"
暴虎冯河		【暴虎冯河】bào hǔ píng hé 暴虎：空手搏虎；冯河：徒步过河。比喻有勇无谋，冒着危险行事。语出《诗经·小雅·小旻》："不敢暴虎，不敢冯河。"

伯仲之间		【伯仲之间】bó zhòng zhī jiān 伯仲：兄弟排行的次序。伯是老大；仲是老二。间：中间。比喻不相上下，难分优劣高低。语出三国·魏·曹丕《典论·论文》：“傅毅之于班固，伯仲之间耳。”
与众不同		【与众不同】yǔ zhòng bù tóng 指跟大家不一样，有特别之处。
不可收拾		【不可收拾】bù kě shōu shí 收拾：整顿，整理。语出唐·韩愈《昌黎先生集·送高闲上人序》：“泊与淡相遭，颓堕委靡，溃败不可收拾。”原意是没法归类整顿。后形容事物败坏到不可救药的地步。
不败之地		【不败之地】bù bài zhī dì 指不会落到失败的境地。后泛指办事有成功的充分把握。

搬起石头打自己的脚		【搬起石头打自己的脚】bān qǐ shí tóu dǎ zì jǐ de jiǎo 通常比喻为自作自受，自食恶果。
震古铄今		【震古铄今】zhèn gǔ shuò jīn 铄：光明照耀。形容事业或功绩的伟大，远远超过古代，照耀当代。
滴水穿石		【滴水穿石】dī shuǐ chuān shí 指屋檐流下的水滴，时间长了也能把石头滴穿。比喻尽管力量很小，只要坚持不懈，就能做成看来很难办到的事情。
半青半黄		【半青半黄】bàn qīng bàn huáng 指庄稼半熟半不熟。也用来比喻其他事物或思想未达到成熟阶段。语出宋·朱熹《朱子全书·学》："今既要理会，也须理会取透；莫要半青半黄，下梢都不济事。"

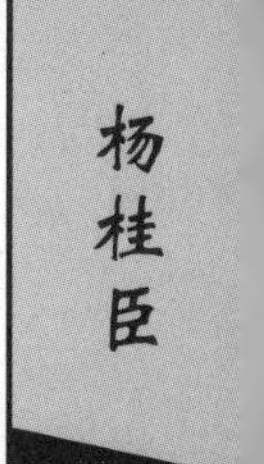

玩火自焚		【玩火自焚】wán huǒ zì fén 玩：玩弄；焚：烧。指玩弄火的反倒把自己烧死。比喻做坏事的人自食恶果。语出《左传·隐公四年》：“夫兵，犹火也，弗戢，将自焚也。”
赤县神州		【赤县神州】chì xiàn shén zhōu 中国的别称。据《史记·孟子荀卿列传》记载战国时齐人邹衍的“大九州”学说：“中国名曰赤县神州。”
不为五斗米折腰		【不为五斗米折腰】bù wèi wǔ dǒu mǐ zhé yāo 五斗米：晋代县令的官俸，后指微薄的官俸；折腰：弯腰，指下拜行礼。据《晋书·陶潜传》记载，陶潜做彭泽县令时，上级派了个督察到彭泽来视察，县里的下级官吏跟陶潜说，应当穿戴整齐去迎接。陶潜说：“我不能为五斗米向乡里小儿折腰！”于是陶潜就自动离职。后用“不为五斗米折腰”表示清高，有骨气。
薄物细故		【薄物细故】bó wù xì gù 薄物：轻贱的物品；细故：无关紧要的小事情。形容微小的事物。语出《汉书·匈奴传》：“薄物细故，谋臣计失，皆不足以离昆弟之欢。”

车殆马烦		【车殆马烦】chē dài mǎ fán 殆：通“怠”，疲乏；烦：烦躁。多形容旅途劳顿。语出三国·魏·曹植《洛神赋》：“日既西倾，车殆马烦。”
稗官野史		【稗官野史】bài guān yě shǐ 稗官：古时的小官，专给帝王讲述街谈巷议、风俗故事的，后来就称小说为稗官；野史：古时私家编撰的史书。泛称记载轶闻琐事的作品。
参差不齐		【参差不齐】cēn cī bù qí 指长短高低不齐。形容水平不一或很不整齐。语出汉·扬雄《法言·序目》：“国君将相，卿士名臣，参差不齐，一概诸圣。”
避难就易		【避难就易】bì nán jiù yì 就：凑近。躲开困难，只找容易的去做。也指暂时避开难点，攻其弱点，待条件成熟时，全面突破。

海底捞月		【海底捞月】hǎi dǐ lāo yuè 比喻白费力气，是不可能达到的目的。
河鱼之患		【河鱼之患】hé yú zhī huàn 河鱼：腹疾的代称；患：病。指腹泻的病。也作“河鱼腹疾”。语出《左传·宣公十二年》：“河鱼腹疾奈何？”
挂一漏万		【挂一漏万】guà yī lòu wàn 指挂住一个，漏掉一万个。形容列举得还很不完备。语出唐·韩愈《昌黎先生集·南山》诗：“团辞拭提挈，挂一念万漏。”
何苦乃尔		【何苦乃尔】hé kǔ nǎi ěr 乃：竟然；尔：如此，这样。意思是何必要这样呢！

一往情深		【一往情深】yì wǎng qíng shēn 指对人或事物具有深厚的感情，向往得难以自制。语出南朝·宋·刘义庆《世说新语·任诞》："桓子野每闻清歌，辄唤奈何，谢公闻之曰：'子野可谓一往有深情。'"
助人为乐		【助人为乐】zhù rén wéi lè 指把帮助别人作为自己的快乐。
公而忘私		【公而忘私】gōng ér wàng sī 意思是为了公事而忘了私事。现多用以形容全心全意为人民服务的崇高精神。语本《汉书·贾谊传》。
闻鸡起舞		【闻鸡起舞】wén jī qǐ wǔ 据《晋书·祖逖传》里说，祖逖立志为国家效力，夜里听到鸡叫就起床舞剑，刻苦练武。后比喻有志为国效力的人奋起行动。

茶余饭后		【茶余饭后】chá yú fàn hòu 多指休息闲暇的时间。
欢天喜地		【欢天喜地】huān tiān xǐ dì 形容非常的高兴。语出元·王实甫《西厢记》第二本第三折：“则见他欢天喜地，谨依来命。”
抱头鼠窜		【抱头鼠窜】bào tóu shǔ cuàn 抱着头像老鼠乱窜一样地仓皇逃跑。形容敌人败了之后逃跑时的狼狈相。原作“奉头鼠窜”。语出《汉书·蒯通传》：“常山王奉头鼠窜，以归汉王。”
百感交集		【百感交集】bǎi gǎn jiāo jí 感：感想；交：一齐；集：聚拢。指各种感想都交织在一起。也作“百端交集”。语出南朝·宋·刘义庆《世说新语·言语》：“卫洗马（马珍）初欲渡江，形神惨悴，语左右云：‘见此茫茫，不觉百端交集，苟未免有情，亦复谁能遣此。’”

百花齐放，百家争鸣		【百花齐放，百家争鸣】bǎi huā qí fàng, bǎi jiā zhēng míng 百花：指各种花；齐：一起，同时；百花齐放：比喻艺术上不同的形式和风格的自由发展；百家：指学术上的各种派别；鸣：比喻发表意见；百家争鸣：原指我国古代战国时期儒、道、阴阳、法、墨、纵横、杂、农等各家在政治上、学术上展开的各种争论，这里比喻科学上不同学派的自由争论。
意气风发		【意气风发】yì qì fēng fā 意气：意志和气概；风发：像风一样发出来。形容精神非常振奋；气宇轩昂。
有口皆碑		【有口皆碑】yǒu kǒu jiē bēi 碑：纪功碑。意思是所有人的嘴都是活的纪功碑。比喻对突出的好人好事大家一致颂扬。语出宋·释普济《五灯会元》卷十七："劝君不用镌顽石，路上行人口似碑。"
闭目塞听		【闭目塞听】bì mù sè tīng 指闭住眼睛，堵住耳朵。形容对外界事物不闻不问。也比喻脱离现实。语出汉·王充《论衡·自纪》："闭目塞聪，爱精自保。"

赤手空拳		【赤手空拳】chì shǒu kōng quán 赤：空无所有。原指搏斗或作战时手中不拿武器。语出《元曲选·张国宾<合汗衫>四》："可怜俺赤手空拳，望将军觑方便。"也比喻空无所有或毫无凭借。
斑驳陆离		【斑驳陆离】bān bó lù lí 斑驳：颜色杂乱；陆离：参差纷繁，不一致。形容色彩非常杂乱。语出《离骚》："纷总总其离合兮，斑陆离其上下。"
暴风骤雨		【暴风骤雨】bào fēng zhòu yǔ 暴、骤：急速，突然。指急遽的风雨。比喻来势迅猛。
姹紫嫣红		【姹紫嫣红】chà zǐ yān hóng 姹：美丽；嫣：美好，常指笑容。形容各色娇艳美丽的花。语出明·汤显祖《牡丹亭·惊梦》："原来姹紫嫣红开遍，似这般都付与断井颓垣。"

常备不懈		【常备不懈】cháng bèi bù xiè 备：准备，防备；懈：懈怠，放松。指时刻或经常准备着，毫不松懈。
百端待举		【百端待举】bǎi duān dài jǔ 端：头，头绪；举：兴办，做。形容要兴办的事业很多很多。
白驹过隙		【白驹过隙】bài jū guò xì 白驹：原指骏马，后比喻日影；隙。比喻时间过得很快，就像骏马在细小的缝隙前飞快地越过一样。语出《庄子·知北游》："人生天地之间，若白驹之过隙，忽然而已。"
英姿飒爽		【英姿飒爽】yīng zī sà shuǎng 飒爽：豪迈矫健的样子。多指英俊的姿态豪迈而矫健。语出唐·杜甫《丹青引》诗："褒公鄂公毛发动，英姿飒爽来酣战。"

超然物外		【超然物外】chāo rán wù wài 超：超脱；物外：世外。指超脱于尘世之外。语出宋·叶梦得《石林诗话》："渊明正以脱略世故，超然物外为适，顾区区在位者，何足概其心哉？"也有置身于事外的意思。
悖入悖出		【悖入悖出】bèi rù bèi chū 悖：不合理。《礼记·大学》："货悖而入者，亦悖而出。"意思是用不正当的方法得来的财物，也会被别人用不正当的方法拿去，或胡乱得来的钱财又胡乱花掉。
豺狼当道		【豺狼当道】chái láng dāng dào 当道：横在路中间。比喻坏人当权。语出《后汉书·张皓传》："豺狼当路，安问狐狸。"
人才辈出		【人才辈出】rén cái bèi chū 辈出：一批接一批地出现。形容人才不断地涌现。

百读不厌		【百读不厌】bǎi dú bù yàn 厌：厌烦，厌倦。形容文章或书写得非常好，再读多少遍也不厌倦。语出宋·苏轼《送安惇秀才失解西归》诗："旧书不厌百回读，熟读深思子自知。"
济济一堂		【济济一堂】jǐ jǐ yì táng 济济：人多；堂：大厅。形容许多人才聚集在一起。语出《尚书·大禹谟》："济济有众。"
有条不紊		【有条不紊】yǒu tiáo bù wěn 条：秩序；紊：乱。既有条又有理，一点也不乱。语出《尚书·盘庚上》："若网在纲，有条而不紊。"
避实就虚		【避实就虚】bì shí jiù xū 就：接近，走向。在军事上指避开敌人的主力，攻击其薄弱环节。本作"避实击虚"。语出《孙子·虚实》："兵之形，避实而击虚。"现也指躲开实质性的问题，说空话。

版版六十四		【版版六十四】bǎn bǎn liù shí sì 版：古代铸钱的模子。据宋·周遵道《豹隐纪谈》记载，宋代凡铸钱，每一版为六十四文。后来就用“版版六十四”比喻为人固执呆板，不灵活。语出清·范寅《越谚·数目之谚》：“版版六十四，铸钱定例也，喻不活。”
翻江倒海		【翻江倒海】fān jiāng dǎo hǎi 语引宋·陆游《夜宿阳山矶……遂抵雁翅浦》诗：“五更颠风吹急雨，倒海翻江洗残暑。”原来是说水势浩大。后来形容不怕任何困难或比喻成就了极难做到的事业。也形容力量、声势的巨大。
便宜行事		【便宜行事】biàn yí xíng shì 便宜：方便，适宜。指根据当时当地情况，自己决定适当的处理办法，不必请示。语出《汉书·魏相传》：“传汉兴以来，国家便宜行事。”
草薙禽狝		【草薙禽狝】cǎo tì qín xiǎn 薙：除草；狝：杀。像割除野草、捕杀禽兽一样，无所顾惜。语出唐·韩愈《昌黎先生集·送郑尚书序》：“至纷不可治，乃草薙而禽狝之，尽根株痛断乃止。”比喻不加区别，一律杀戮。

避世绝俗		【避世绝俗】bì shì jué sú 世，指现实社会；俗：指群众。形容逃避现实，不与人交往。这是一种消极的处世态度。
半身不遂		【半身不遂】bàn shēn bù suí 原为中医学病症名，指半边身体不能随意转动。也比喻诗文有的部分好，有的部分不好，不够匀称。
扁担没扎，两头打塌		【扁担没扎，两头打塌】biǎn dàn méi zā, liǎng tóu dǎ tā 扎：扁担两头绊绳索的短栓；打塌：滑落下来，湖南话方言“失塌”。比喻原来幻想的是一举两得，结果两头却都落空了。
畅所欲言		【畅所欲言】chàng suǒ yù yán 畅：尽情、痛快。指尽情地说出心里想要说的话。语本清·李渔《闲情偶寄》。

长篇大论		【长篇大论】cháng piān dà lùn 指冗长的发言和文章。多用于贬义。
比比皆是		【比比皆是】bǐ bǐ jiē shì 比比：到处，处处。形容到处都是。语出明·陶宗仪《辍耕录·卷六·丧师衰绖》："朝为师生而暮若途人者，比比皆是。"
一夔已足		【一夔已足】yī kuí yǐ zú 夔：虞舜时（一说尧时）乐官。语出《后汉书·曹褒传》："昔尧作大章，一夔足矣。"意思是说，只要是真人才，有一个也就够了。
铁杵成针		【铁杵成针】tiě chǔ chéng zhēn 杵：舂米或捶衣用的棒。把一根铁杵磨成一根针。据《潜确类书》里说，李白小时念书不用功，中途想不念了。有一天，在路上碰见一个老太婆，正在磨一根铁棒，说要把它磨成针，李白很受感动，回来就发愤读书，终于取得了很大的成就。后比喻只要有毅力，肯下工夫，一定能克服困难，做出成绩。

齿亡舌存		【齿亡舌存】chǐ wáng shé cún 亡：不存在。牙齿不在了，舌头还存在。比喻刚的易断，柔的难毁。旧时宣扬消极退让，保全自己的处世哲学。语出汉·刘向《说苑·敬慎》。
与日俱增		【与日俱增】yǔ rì jù zēng 指随时间一同增长。形容不断增长。有时也指增长很快。
避重就轻		【避重就轻】bì zhòng jiù qīng 指避开较重的责任，只拣轻的来承担。也指躲开要害的问题，只谈无关紧要的事情。
锦上添花		【锦上添花】jǐn shàng tiān huā 锦：彩色大花纹的一种丝织物，比喻鲜艳华美。指在锦上面再绣上花。比喻好上加好，美上加美。语出宋·黄庭坚《山谷集·了了庵颂》："又要涪翁作颂，且图锦上添花。"

拔来报往		【拔来报往】bá lái bào wǎng 拔、报（通“赴”）：迅速。指匆匆地跑来，又急促地跑去。形容不止一次地来往。语出《礼记·少仪》：“毋拔来，毋报往。”
长歌当哭		【长歌当哭】cháng gē dàng kū 长歌：长声歌咏，引申为写诗文；当：当做。指用长的歌咏或写诗文来抒发心中的不满和悲愤。
标新立异		【标新立异】biāo xīn lì yì 标：揭出。语出南朝·宋·刘义庆《世说新语·文学》：“支道林在白马寺中，将冯太常（冯怀）共语，因及《逍遥》，支卓然标新理于二家之表，立异义于众贤之外。”原来是说特创新意，立论与人不同。后表示为了显示自己，故意另搞一套。现形容敢于革新创造的精神。
暴露无遗		【暴露无遗】bào lù wú yí 暴露：显露，显现；遗：遗漏。形容坏人坏事完全地暴露出来。

垂头丧气		【垂头丧气】chuí tóu sàng qì 指低着脑袋，无精打采。形容失意懊丧萎靡不振的样子。语出唐·韩愈《昌黎先生集·送穷文》：“主人于是垂头丧气，上手称谢。烧车与船，延之上座。”
吹皱一池春水		【吹皱一池春水】chuī zhòu yī chí chūn shuǐ 语出《南唐书·冯延巳传》：“延巳有‘风乍起，吹皱一池春水’之句。元宗尝戏延巳曰：‘吹皱一池春水，干卿底（一作“何”）事？’”后来就用“吹皱一池春水”作为与你何干或多管闲事的歇后语来用。
春秋笔法		【春秋笔法】chūn qiū bǐ fǎ 古人以为孔丘修订史书《春秋》，注意笔削褒贬，含在“微言大义”。后因称文笔曲折而意含褒贬的文字为“春秋笔法”。
处心积虑		【处心积虑】chǔ xīn jī lǜ 处心：存心；积虑：蓄谋很久。语出《谷梁传·隐公元年》：“何甚乎郑伯？甚郑伯之处心积虑成于杀也。”指存心已久，费尽心机，也指千方百计地来谋算。

过目不忘		【过目不忘】guò mù bù wàng 形容记忆力特别强。语出《晋书·苻融传》:“耳闻则诵，过目不忘。”
鬼斧神工		【鬼斧神工】guǐ fǔ shén gōng 形容技艺精巧，好像不是人工所能制作的。语引元·吴莱《大食瓶》诗:“晶荧龙宫献，错落鬼斧镌。”
不择手段		【不择手段】bù zé shǒu duàn 择:挑选。指为了达到某种目的，什么手段都使得出来。用于贬义。
枯树生花		【枯树生花】kū shù shēng huā 语出宋·李石《续博物志》卷七:“昔有一人，好道而不知求道之方，惟朝夕拜跪一枯树，辄云乞长生。如此二十八年不倦。枯木一旦忽然生花，花又有汁，甜如蜜。有人教令食之，遂取此花及汁并食之。食讫即仙。”后就以“枯树生花”比喻重新获得生机。

画虎类狗		【画虎类狗】huà hǔ lèi gǒu 类：似，像。指没有画虎的本领，却要画虎，结果把老虎画得像狗一样。比喻好高骛远，终无成就，被人作为笑柄。语出《后汉书·马援传》："效季良不得，陷为天下轻薄子，所谓画虎不成反类狗者也。"
侯门似海		【侯门似海】hóu mén sì hǎi 指豪门贵族统治下的门庭像海一样深，老百姓不能进入。语本唐·崔郊《赠去婢》诗"侯门一入深似海"。
烘云托月		【烘云托月】hōng yún tuō yuè 烘：渲染；托：衬托。原指作画时，渲染云彩来衬托月亮。比喻作画作文从侧面刻意点染描写，使主体或主题思想鲜明突出的一种手法。
闳中肆外		【闳中肆外】hóng zhōng sì wài 闳：内部宽大的样子；肆：放纵，不受拘束。形容文章的内容丰富，在文字上发挥得淋漓尽致。语出唐·韩愈《昌黎先生集·进学解》："先生之于文，可谓闳其中而肆其外矣。"

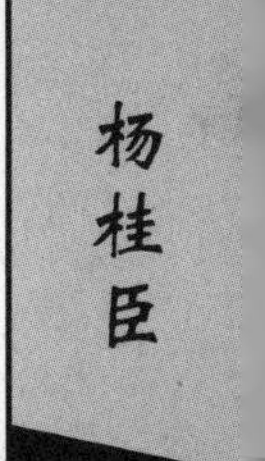

不如归去		【不如归去】bù rú guī qù 语出《本草纲目·禽部》：“杜鹃，其鸣若曰不如归去。”旧时用以作思归或催促客居外地的人返回家乡之辞。
不分轩轾		【不分轩轾】bù fēn xuān zhì 轩：车子前高后低向上仰的样子；轾：车子前低后高向下俯的样子；轩轾：指高低、轻重。形容不分高低或轻重。
鹏程万里		【鹏程万里】péng chéng wàn lǐ 鹏：传说中的大鸟。语引《庄子·逍遥游》里说，鹏鸟向南海飞去，水击三千里，乘着旋风一下就飞出九万里。后就用“鹏程万里”比喻前程远大。
不义之财		【不义之财】bù yì zhī cái 不义：不正当的，不合理的。指不应该得到的或来路不正的财物。语出明·陶宗仪《辍耕录·卷八·隐逸》：“（吕徽之）曰：我岂取不义之财哉！”

好景不常		【好景不常】hǎo jǐng bù cháng 景：光景，时机。指好的光景不能永远存在。常用来表达伤感的心情，现多用于贬义。
胡言乱语		【胡言乱语】hú yán luàn yǔ 指说胡话，瞎扯。语出明·陶宗仪《辍耕录·卷二十八·水仙子》：“张明善作北乐府《水仙子·讥时》云：‘铺眉苦眼早三公，裸袖揎拳享万钟，胡言乱语成时用。’”
安然无恙		【安然无恙】ān rán wú yàng 无恙：没有灾祸、疾病之类忧愁的事。形容都很平安，并没有受到什么损害。
杯盘狼藉		【杯盘狼藉】bēi pán láng jí 藉：用东西衬垫；狼藉：像狼窝里的草那样散乱。形容宴饮将毕或已毕，桌子上的杯盘碗筷等乱七八糟地放着。语出《史记·滑稽列传》：“履舄交错，杯盘狼藉。”

不胜其烦		【不胜其烦】bú shèng qí fán 胜：禁得起。指烦琐得使人受不了。语出宋·陆游《老学庵笔记》三：“于是不胜其烦，人情厌患（恶）。”
别有天地		【别有天地】bié yǒu tiān dì 天地：指境界。形容风景或艺术创造等另有一番境界引人入胜。
不遗余力		【不遗余力】bù yí yú lì 遗：留下；余力：没有使完的力量。形容把所有力量全部使出来了。《战国策·赵策三》：“王曰：‘秦之攻我也，不遗余力矣，必以倦而归也。’”
名列前茅		【名列前茅】míng liè qián máo 前茅：古时行军的时候，前哨部队中有人拿着茅草当做旗子，遇到敌人或敌情有变化时就举起茅草作为信号告诉后面的部队。也比喻名次列在前面。

百无一失	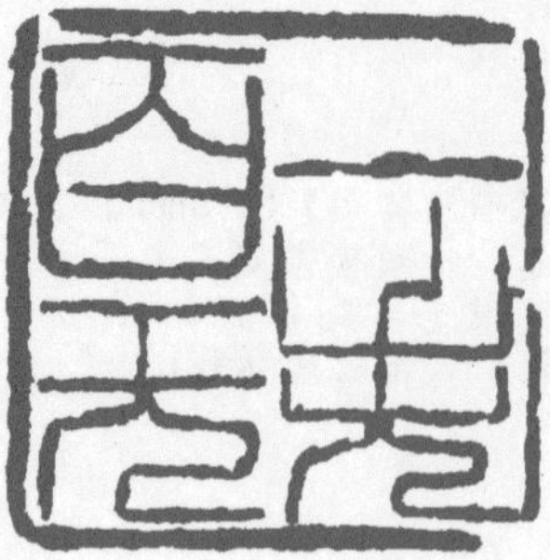	【百无一失】bǎi wú yī shī 失：差错。形容绝对不会出差错。语出汉·王充《论衡·须颂》：“从门应庭，听堂室之言，会（十）而失九；如升堂窥室，百不失一。”
称心如意		【称心如意】chèn xīn rú yì 形容完全合乎心意。
拔茅连茹		【拔茅连茹】bá máo lián rú 茅：白茅，一种多年生的草；茹：植物根部互相牵连的样子。语出《周易·泰》：“拔茅茹以其汇。”王弼注：“茅之为物，拔其根而相牵引者也。茹，相牵引之貌。”后来用“拔茅连茹”比喻封建文人互相引荐，选拔或提升一个人就可以引进许多人。
狼狈不堪		【狼狈不堪】láng bèi bù kān 狼狈：又作“狼贝”、“狼跋”，疲惫、窘迫的样子。语出《三国志·蜀志·马超传》：“宽（梁宽）、衢（赵衢）闭冀城门，超不得入，进退狼狈。”形容处境比较困难、窘迫的样子。

包藏祸心		【包藏祸心】bāo cáng huò xīn 祸心：害人的心。比喻心里藏着坏主意。语出《左传·昭公元年》：“将恃大国之安靖已，而乃包藏祸心以图之。”
爱屋及乌		【爱屋及乌】ài wū jí wū 语出唐·杜甫《奉赠射洪李四丈》诗：“丈人屋上乌，人好乌亦好。”后就用“爱屋及乌”比喻爱那个人而连带地喜爱跟他有关系的人或物。
插科打诨		【插科打诨】chā kē dǎ hùn 科：指古典戏曲中的表情和动作，诨：诙谐的引人发笑的话。指穿插在旧戏曲里的各种可使观众发笑的表演和道白。有时也指耍滑稽，开玩笑。清·李渔《闲情偶寄·科诨第五》：语出“插科打诨，填词之末技也。然欲雅俗同欢，智愚共赏，则当全在此处留神。”
安家立业		【安家立业】ān jiā lì yè 安置好家庭，再去建立事业。指长期地在一个地方劳动、生活。

一片冰心		【一片冰心】yī piàn bīng xīn 形容性情淡泊，不热衷于功名。语引唐·王昌龄《芙蓉楼送辛渐》诗：“洛阳亲友如相问，一片冰心在玉壶。”
处之泰然		【处之泰然】chǔ zhī tài rán 处：处理，对待；泰然：毫不在意的样子。形容对待困难或紧急情况毫不在意，沉着镇定。常指对事情无动于衷。语出《论语·雍也》朱熹注。
触景生情		【触景生情】chù jǐng shēng qíng 触：接触。指因看到眼前的景象而产生感情。
春露秋霜		【春露秋霜】chūn lù qiū shuāng 原指子孙在春秋两季因感于时令而祭祀祖先。语出《礼记·祭义》：“霜露既降，君子履之，必有凄怆之心，非其寒之谓也；春，雨露既濡，君子履之，必有怵惕之心，如将见之。”后以“春露秋霜”表示对先人的追念。也比喻恩泽和威严。

开诚相见		【开诚相见】kāi chéng xiāng jiàn　开诚：敞开胸怀，表示诚意。形容对人心地坦白，让对方看到自己的真实心意。
惨不忍睹		【惨不忍睹】cǎn bù rěn dǔ　睹：看。形容悲惨得不忍心再看下去。
沉冤莫白		【沉冤莫白】chén yuān mò bái　沉冤：无法辩白或久未申雪的冤屈，像东西沉到海底一样；白：弄明白，辩白；莫白：无法申辩。多指沉埋已久的冤屈不能辩白。
开源节流		【开源节流】kāi yuán jé liú　源：水源，比喻在经济上增加收入，在开支上节省。语出《荀子·富国》。

层出不穷		【层出不穷】céng chū bù qióng 层：重复，接连不断；穷：尽，完。指接连不断地涌现，没有穷尽。
出尔反尔		【出尔反尔】chū ěr fǎn ěr 尔：你。语出《孟子·梁惠王下》："出乎尔者，反乎尔者也。"原意是你怎样对待人家，人家就怎样对待你。今多指自己说了或做了后，又自己反悔。比喻言行前后矛盾，反复无常。
除恶务尽		【除恶务尽】chú è wù jìn 务：必须。清除坏人坏事必须要干净、彻底。语出《左传·哀公元年》："树德莫如滋，去疾莫如尽。"
垂涎三尺		【垂涎三尺】chuí yán sān chǐ 涎：口水。指口水流下来三尺长。原形容嘴馋想吃。现形容见别人的东西就眼红，妄图侵夺的丑态。

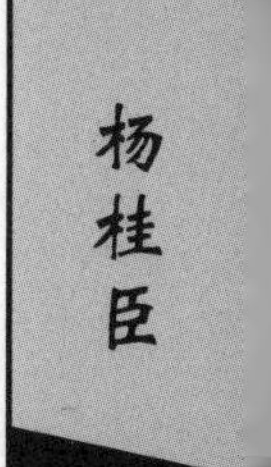

不教而诛		【不教而诛】bù jiào ér zhū 教：施教令，教育；诛：杀戮。指事先不教育，不指明什么是错误的，人家一触犯就加以处罚或杀戮。语出《汉书·董仲舒传·对策》引作“不教而诛谓之虐”。
不识大体		【不识大体】bù shí dà tǐ 大体：关系全局的道理。指不懂得有关大局的道理。语出《史记·平原君虞卿列传》“平原君，翩翩浊世之佳公子也，然未睹大体”。
不通水火		【不通水火】bù tōng shuǐ huǒ 形容邻居之间不相往来。语出《汉书·孙宝传》：“杜门不通水火。”师古注：“不通水火，谓虽邻伍亦不往来也。”（杜门，闭门不出。）
愁眉不展		【愁眉不展】chóu méi bù zhǎn 展：舒展。指心里发愁，双眉紧皱。形容心事重重的样子。语出《文苑英华·姚鹄〈随州献李侍御〉诗》：“旧隐每怀空竟夕，愁眉不展几经春。”

出水芙蓉		【出水芙蓉】chū suǐ fú róng 芙蓉：荷花。指刚长出水面的荷花。原比喻诗写得清新。语出南朝·梁·钟嵘《诗品》："谢（灵运）诗如芙蓉出水。"也比喻女性的美丽。
床上安床		【床上安床】chuáng shàng ān chuáng 常比喻不必要的重迭。语出北齐·颜之推《颜氏家训·序致》："魏晋来所著诸子，理重事复，犹屋下架屋，床上施床耳。"
出乖露丑		【出乖露丑】chū guāi lù chǒu 乖：荒谬的，不合理的。形容在众人面前出丑。语出《元曲选·〈玉清庵错送鸳鸯〉》："若真个打起官司来，出乖露丑，一发不好。"
臭名昭著		【臭名昭著】chòu míng zhāo zhù 昭著：显著，明白。形容坏的名声谁都知道。

金石为开		【金石为开】jīn shí wéi kāi 金石：指最坚硬的东西。像金石那样坚硬的东西也被感动了。形容对人真诚所产生的感动力。语出《西京杂记》："至诚则金石为开。"
不违农时		【不违农时】bù wéi nóng shí 指不违背适合农作物耕种、管理、收获的季节。语本《孟子·梁惠王上》。
不以为然		【不以为然】bù yǐ wéi rán 然：对。不认为是对的。表示不同意。也有轻视的意思。语出宋·王明清《挥麈后录》卷四："宣和初，徽宗有决征辽，蔡元长、郑达夫不以为然。"
不情之请		【不情之请】bù qíng zhī qǐng 指不近人情的请求。常用作向人们求助的客气话。

出其不意		【出其不意】chū qí bù yì 语出《孙子·计篇》："攻其无备，出其不意。"原指作战时，在对方想不到的时候进行袭击。后来也指出乎别人的意料。
窗明几净		【窗明几净】chuāng míng jī jìng 几：小桌。多形容房间干净明亮。
出没无常		【出没无常】chū mò wú cháng 形容出现和隐没都无一定规律，让人捉摸不透。
出头露面		【出头露面】chū tóu lù miàn 指在人多的场合出现。有时有出风头来表现自己的意思。

过五关，斩六将		【过五关，斩六将】guò wǔ guān,zhǎn liù jiàng 语引《三国演义》中关羽的故事。比喻英雄业绩，也比喻克服了重重困难。
精神焕发		【精神焕发】jīng shén huàn fā 焕发：光彩四射的样子。形容精神振奋，情绪饱满。
岿然独存		【岿然独存】kuī rán dú cún 岿然：高峻独立的样子。形容经过时间的考验而唯一保存下来的事物。语出《文选·王延寿〈鲁灵光殿赋〉》："自西京未央、建章之殿，皆见隳坏，而灵光岿然独存。"
厉行节约		【厉行节约】lì xíng jié yuē 厉：严格，切实。多指严格地按照规章实行节约。

穿云裂石		【穿云裂石】chuān yún liè shí 指冲上云霄，震开石头。一般形容声音高亢嘹亮。语出宋·苏轼《东坡乐府·〈水龙吟〉序》：“善吹铁笛，嘹然有穿云裂石之声。”
除旧布新		【除旧布新】chú jiù bù xīn 布：安排，展开。除掉旧的，安排新的。语本《左传·昭公十七年》。
出人头地		【出人头地】chū rén tóu dì 语出《宋史·苏轼传》：“以书见修（欧阳修），修语梅圣俞曰：‘吾当避此人出一头地。’”意思是让这个人高出一头。后就用“出人头地”形容高人一等。
穿针引线		【穿针引线】chuān zhēn yǐn xiàn 比喻从中联系、拉拢。

瓦解冰消		【瓦解冰消】wǎ jiě bīng xiāo 瓦解：制瓦先把泥土制成圆筒形，然后三等分，就是瓦坯；比喻事物的分裂、分离。就像冰融化，瓦分解一样。比喻完全消失或崩溃。语出《隋书·杨素传》：“公以深谋，出其不意，雾廓云除，冰消瓦解。”
不拘小节		【不拘小节】bù jū xiǎo jié 拘：拘束，限制；小节：指生活中的琐事。指不为小事情所限制。多指不注意生活小事。语出《后汉书·虞延传》：“性敦朴，不拘小节。”
重见天日		【重见天日】chóng jiàn tiān rì 常比喻脱离黑暗的处境，又重新见到光明。
牢不可破		【牢不可破】láo bù kě pò 指坚固得不可摧毁。语出唐·韩愈《昌黎先生集·平淮西碑》：“并为一谈，牢不可破。”

差强人意		【差强人意】chā qiáng rén yì 差：稍微，大致；强：振奋。语出《后汉书·吴汉传》："吴公差强人意，隐若一敌国矣。"原意为还算能振奋人的意志。现表示还能够使人感到满意。
独出心裁		【独出心裁】dú chū xīn cái 原指诗文的构思、安排等有独到之处。也指独自想出一套办法来。形容想出的办法与众不同。
比肩继踵		【比肩继踵】bǐ jiān jì zhǒng 比：并；比肩：肩膀靠肩膀；踵：脚跟；继踵：脚尖碰脚跟。形容人非常多，相互拥挤。《晏子春秋·杂下》："临淄三百闾，张袂成阴，挥汗成雨，比肩继踵而在，何为无人？"
卑鄙龌龊		【卑鄙龌龊】bēi bǐ wò chuò 龌龊：肮脏。形容品质、行为特别恶劣。

波澜壮阔		【波澜壮阔】bō lán zhuàng kuò 澜：大浪。比喻声势雄壮或规模巨大。南朝·宋·鲍照《鲍参军集·登大雷岸与妹书》："旅客贫辛，波路壮阔。"
完璧归赵		【完璧归赵】wán bì guī zhào 完：完整无缺；璧：平圆形中间有孔的玉；赵：指战国时的赵国。据《史记·廉颇蔺相如列传》记载，秦昭王派人来骗赵国说，愿意拿十五座城换取赵国的一块叫和氏璧的宝玉。赵王不敢拒绝，但又怕上当。这时蔺相如自愿带着玉到秦国去完成换城的任务。他说："城入赵而璧留秦，城不入，臣请完璧归赵。"他到秦国献璧后，见秦王不想给城，蔺相如设计取得原璧，送回赵国。后用"完璧归赵"比喻把原物完整地归还其本人。
明见万里		【明见万里】míng jiàn wàn lǐ 指对于外面的情况了解得十分清楚。语本《后汉书·窦融传》。
民富国强		【民富国强】mín fù guó qiáng 指百姓富裕，国家强盛。语出《吴越春秋·勾践归国外传》："民富国强，众安道泰。"

持之以恒		【持之以恒】chí zhī yǐ héng 持：保持；恒：恒心。比喻对工作、学习、做事有恒心地坚持下去。
闭门造车		【闭门造车】bì mén zào chē 原意是指按同一规格，关起门来造车子，用起来自然合辙。语出宋·释道原《景德传灯录·卷十七·洪州泐潭匡悟禅师》：“问：‘如何是闭门造车？’师曰：‘活计一物无。’曰：‘如何是出门合辙？’师曰：‘坐地进长安。’”后人反其意而用之，比喻不问实际，不调查研究，单凭主观想象来处理问题。
唇枪舌剑		【唇枪舌剑】chún qiāng shé jiàn 指嘴唇像枪，舌头像剑。形容辩论时言词非常激烈，针锋相对。也作“舌剑唇枪”。语出《元曲选·武汉臣〈玉壶春〉二》：“使心猿意马，逞舌剑唇枪。”
吹毛求疵		【吹毛求疵】chuī máo qiú cī 求：寻找；疵：小毛病。常比喻故意来挑剔别人的缺点、错误。语出《韩非子·大体》：“不吹毛而求小疵。”

据理力争	 （六书体）	【据理力争】jù lǐ lì zhēng 指依据正确的道理，尽力去争辩。
困知勉行		【困知勉行】kùn zhī miǎn xíng 指人的知识必须克服困难而能得到；人的品德必须勉励与强制自己去实践才能成功。语本《礼记·中庸》。
救死扶伤		【救死扶伤】jiù sǐ fú shāng 指抢救快要死的人，扶助受伤的人。语出汉·司马迁《报任少卿书》："与单于连战，十有余日，所杀过当，虏救死扶伤不给。"
藏器待时		【藏器待时】cáng qì dài shí 藏：储藏；器：指才能。比喻学好本领，来等待施展的时机。语出《周易·系辞下》："君子藏器于身，待时而动。"

白璧无瑕	 （大篆体）	【白璧无瑕】bái bì wú xiá 洁白的美玉上面没有一点小斑点。比喻人或事物都十全十美，毫无缺点。也作“白玉无瑕”。语出宋·释道原《景德传灯录·卷十三·吉州福寿和尚》：“问：‘不曾博览空王教略，借玄机试道看。’师曰：‘白玉无瑕，卞和刖足。’”
败军之将		【败军之将】bài jūn zhī jiàng 多指打了败仗的将领。语出《吴越春秋·勾践入臣外传》：“范蠡曰：‘臣闻……败军之将，不敢语勇。’”后用以讽刺失败的人。
闭门思过		【闭门思过】bì mén sī guò 过：过失，错误。指关起门来，自己在反省过错。原作“闭阁思过”。语本《汉书·韩延寿传》。
无坚不摧		【无坚不摧】wú jiān bù cuī 指没有哪种坚固的东西不能被摧毁。形容力量非常强大。也比喻任何困难都可以战胜。语出清·叶燮《原诗·外篇》：“从来节义、勋业、文章，皆得于天而足于己，然其间岂能无分剂，虽所得或未至十分，苟有气以鼓之，如弓之括，力至引满，自可无坚不摧，此在彀率之外者也。”

苦中作乐		【苦中作乐】kū zhōng zuò lè 指在困苦中强寻欢乐。语出宋·陈造《江湖长翁集·同陈宰黄簿游灵山八首》自注："宰云：'吾辈可谓忙里偷闲，苦中作乐。'"
不务正业		【不务正业】bù wù zhèng yè 务：从事。指不从事正当的职业。现比喻不做自己职务范围内的事。
坚持不懈		【坚持不懈】jiān chí bù xiè 懈：松懈。指对工作、学习、事业都能坚持到底，毫不松懈。
宁为玉碎，不为瓦全		【宁为玉碎，不为瓦全】nìng wéi yù suì, bù wéi wǎ quán 指宁做玉器被打碎，不做陶器来保全。比喻宁愿为正义牺牲，也不愿意苟全性命。语出《北齐书·元景安传》："大丈夫宁可玉碎，不能瓦全。"

铜墙铁壁		【铜墙铁壁】tóng qiáng tiě bì 比喻十分坚固、不可摧毁的事物。语出《元曲选·无名氏〈谢金吾·楔子〉》："随他铜墙铁壁，也不怕不拆倒了他的。"
抱恨终天		【抱恨终天】bào hèn zhōng tiān 终天：终身。常指含恨了一辈子。
春风化雨		【春风化雨】chūn fēng huà yǔ 指能滋养万物的风和雨。语出《孟子·尽心上》："有如时雨化之者。"后比喻良好教育的普遍深入。常用来称颂师长的教诲。
白云苍狗		【白云苍狗】bái yún cāng gǒu 语引唐·杜甫《可叹》诗："天上浮云如白衣，斯须变幻如苍狗。"意思是天上的浮云像白衣裳，顷刻之间又变得像黑狗。比喻世事的变化无常。

成家立业		【成家立业】chéng jiā lì yè 指人建立家庭，并经营、成就某种事业。
彻头彻尾		【彻头彻尾】chè tóu chè wěi 彻：贯彻。指从头到尾，自始至终。语本《中庸》程颢注。
陈词滥调		【陈词滥调】chén cí làn diào 陈：旧，不新鲜；滥：空泛。多指陈旧的言词，空泛的论调。
不求甚解		【不求甚解】bù qiú shèn jiě 语出晋·陶潜《陶渊明集·五柳先生传》："好读书，不求甚解。"原指读书时不求深入，只求了解一个大概。现在多指学习不认真，不深入理解，或了解的情况不深入。

发凡起例		【发凡起例】fā fán qǐ lì 凡：大凡，概略；例：体例。指叙述一部分的大旨和编撰体例。语出晋·杜预《春秋左传序》："其发凡以言例。"
干云蔽日		【干云蔽日】gān yún bì rì 干：冒犯，冲；蔽：遮挡。指冲入云霄，挡住太阳。形容树木高而大。语出《后汉书·丁鸿传》："干云蔽日之木，起于葱青。"
贿赂公行		【贿赂公行】huì lù gōng xíng 贿赂：因请托而送给人钱财；公：公然，公开。指公开地行贿受贿。语出《资治通鉴·魏纪》："及至孝和以降，贵戚擅权，嬖幸用事，赏罚无章，贿赂公行，贤愚浑淆，是非颠倒。"
合浦还珠		【合浦还珠】hé pǔ huán zhū 合浦：汉代的郡名，今广西合浦县东北。据《后汉书·孟尝传》记载，合浦地处海边，出产珍珠，由于官吏滥采，使得珍珠蚌都迁到别的地方去了。后来孟尝到合浦来做太守，革除了过支的弊端，珍珠蚌又都回来了。后就用"合浦还珠"比喻人去而复回或物失而复得。

名山事业		【名山事业】míng shān shì yè 语出《史记·太史公自序》："藏之名山，副在京师，俟后世圣人君子。"后称著作事业为"名山事业"。
不上不下		【不上不下】bù shàng bù xià 上不去，下不来。形容进退还无着落，事情也不好办。
残山剩水		【残山剩水】cán shān shèng shuǐ 残破的山河。比喻亡国或经过变乱以后的土地、景物。语出明·夏文彦《图绘宝鉴》卷六："郭文通，永嘉人，善山水，布置茂密，长陵最爱之。有言马远、夏珪者，辄斥曰：是残山剩水，宋偏安之物也。"
陈规陋习		【陈规陋习】chén guī lòu xí 陋：坏的，不合理的。多指陈旧、过了时的规章制度和不合理的惯例。

辅车相依		【辅车相依】fǔ chē xiāng yī 辅：颊骨；车：牙床。指颊骨同牙床互相依靠。比喻互相依存。语出《左传·僖公五年》："谚所谓辅车相依，唇亡齿寒者，其虞虢之谓也。"
改弦易辙		【改弦易辙】gǎi xián yì zhé 易：更换；辙：车轮轧下的痕迹，这里指道路。乐器调换弦，车子改换道路。比喻变更方向、计划或作法。语出宋·王楙《野客丛书·张杜皆有后》："使其（指杜周）子孙改弦易辙，务从宽厚，亦足以盖其父子之愆。
横冲直撞		【横冲直撞】héng chōng zhí zhuàng 形容毫无顾忌地乱冲乱撞或蛮不讲理。也作"直冲横撞"。
含垢忍辱		【含垢忍辱】hán gòu rěn rǔ 垢：指耻辱。容忍耻辱。语本《后汉书·曹世叔妻传》。

残渣余孽		【残渣余孽】cán zhā yú niè 孽：妖孽，一般用以指坏人。比喻被推翻的统治者中遗留下来的坏人和社会上的渣滓。
开路先锋		【开路先锋】kāi lù xiān fēng 先锋：古时行军或作战时的先遣将领或先头部队。比喻在工作中的首项程序、集体行动的先遣人员或企业发展的先决条件。
称心如意	 （小篆体）	【称心如意】chèn xīn rú yì 指完全合乎自己的心意。
不知所措		【不知所措】bù zhī suǒ cuò 措：安置，处理。指不知道该怎么办。形容受窘或发慌。语出《三国志·吴志·诸葛恪传》："哀喜交并，不知所措。"

欢欣鼓舞		【欢欣鼓舞】huān xīn gǔ wǔ 欢欣：喜欢，快乐；鼓舞：激发，振作。形容非常的高兴和振奋。语出宋·苏轼《上知府王龙图书》：“自公始至，释其重荷……是故莫不欢欣鼓舞之至。”
各行其是		【各行其是】gè xíng qí shì 多指彼此间不相照顾，各自按自己的意见去做。形容思想、行动不一致。
讳疾忌医		【讳疾忌医】huì jí jì yī 讳：忌讳；疾：疾病；医：医生。指有病不肯说，又害怕见医生。比喻有了错误、缺点，生怕别人批评指出。语出宋·周敦颐《周子通书》：“今人有过，不喜人规，如讳疾而忌医，宁灭其身而无悟也。”
海底捞针		【海底捞针】hǎi dǐ lāo zhēn 比喻极难找到或目的难于实现的事情。

不可言宣		【不可言宣】bù kě yán xuān 言：言语；宣：表达。指不能用言语来表达。比喻只能意会，无法用语言表达。语出宋·释道原《景德传灯录·卷二十五·天台山德韶国师》："僧问：'诸法寂灭相，不可以言宣，和尚如何为人？'"
不三不四		【不三不四】bù sān bù sì 指不像这也不像那，不像样子。与"不伦不类"意思相似。指不正派或不规范。语出《水浒》第七回："（鲁）智深见了，心里早疑忌道：这伙人不三不四，又不肯近前来，莫不要攧洒家。"
识途老马		【识途老马】shí tú lǎo mǎ 比喻对某种事情非常熟悉的人。老马能够认识路。语出《韩非子·说林上》："管仲、隰朋从于（齐）桓公伐孤竹，春往冬返，迷惑失道。管仲曰：'老马之智可用也。'乃放老马而随之。遂得道。"后来比喻富于经验的人在工作中熟悉情况，容易做好。
雷霆万钧		【雷霆万钧】léi tíng wàn jūn 雷霆：霹雳；钧：古时重量单位，约合当时的三十斤。形容威力极大，无法阻挡。语出汉·贾山《至言》："雷霆之所击，无不摧折者；万钧之所压，无不糜灭者。"

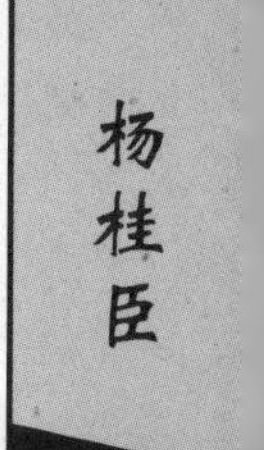

格杀勿论		【格杀勿论】gé shā wù lùn 格：打；格杀：打死。旧指在捉人的时候，由于被捕者抗拒而引起搏斗，捕人者打死了抗拒者可以不按杀人论罪。也指把行凶或违反禁令的人当场打死而不按杀人论罪。
得寸进尺		【得寸进尺】dé cùn jìn chǐ 指得到一寸就想进一尺。比喻贪婪的欲望越来越大。
饭来张口		【饭来张口】fàn lái zhāng kǒu 指吃现成饭。形容不劳而获，坐享其成。语出唐·元稹《元氏长庆集·放言》诗："酒熟铺糟学渔父，饭来开口似神鸦。"
名正言顺		【名正言顺】míng zhèng yán shùn 名正：名义正当；言顺：道理也讲得通。语出《论语·子路》："名不正则言不顺"。后指做事的理由正当而又充分，含有理直气壮的意思。

不劳而获		【不劳而获】bù láo ér huò 获：取得。指自己不劳动却占有别人的劳动成果。
不识一丁		【不识一丁】bù shí yì dīng 语出《新唐书·张宏靖传》：“天下无事，尔辈挽两石弓，不如识一丁字。”按“丁”与“个”的字形相近，原文应是“个”字，所以“一丁字”应是“一个字”。后来说不识字的人为“不识一丁”或“目不识丁”。
不可多得		【不可多得】bù kě duō dé 形容很稀少、难得。多用于赞扬。语出《文选·孔融<荐祢衡表>》。
明察秋毫		【明察秋毫】míng chá qiū háo 察：看到；秋毫：指秋天鸟兽身上新长的细毛。比喻目光敏锐，连极小的事物都看得清楚。语出《孟子·梁惠王上》。

苍蝇碰壁		【苍蝇碰壁】cāng yíng pèng bì 比喻反动分子蠢动的必然失败。
飞刍挽粟		【飞刍挽粟】fēi chú wǎn sù 刍：草。指迅速运送粮草。语出《汉书·主父偃传》："又使天下飞刍挽粟。"
后发制人		【后发制人】hòu fā zhì rén 发：发动；制：控制，制服。指先让一步，等对方暴露出弱点，使自己处于有利的地位，再一举战胜对方。《荀子·议兵》："……后之发，先之至，具用兵之要术也。"
各执一词		【各执一词】gè zhí yì cí 执：坚持。指人各坚持一种说法。形容意见不统一。

不明不白		【不明不白】bù míng bù bái 多指无缘无故，或很不清楚。
浑身是胆		【浑身是胆】hún shēn shì dǎn 全身都是胆。形容胆量极大，无所畏惧的样子。语出《三国志·蜀志·赵云传》注引《赵云别传》：“先主明旦自来，至云营围视昨战处。曰：‘子龙一身都是胆也！’”
冲口而出		【冲口而出】chōng kǒu ér chū 指不加思索就说出口来。语出宋·苏轼《跋欧阳公书》：“此数十纸，皆文公冲口而出，纵手而成，初不加意者也。”
锦绣前程		【锦绣前程】jǐn xiù qián chéng 多比喻前途光辉灿烂。

钩心斗角		【钩心斗角】gōu xīn dòu jiǎo 心：宫室的中心；斗：结合；角：檐角。语出唐·杜牧《樊川文集·阿房宫赋》："各抱地势，钩心斗角。"原形容宫室建筑的结构错综精密。现在比喻各用心机，明争暗斗。
诡计多端		【诡计多端】guǐ jì duō duān 诡：欺诈，虚伪；端：头，头绪。形容坏主意非常多。
敷衍了事		【敷衍了事】fū yǎn liǎo shì 敷衍：做事不认真。指随便应付一下，就算把事办完了。
杜门却扫		【杜门却扫】dù mén què sǎo 杜：堵塞；却扫：扫除。指阻塞大门，扫除车迹，谢绝来客。形容隐居，不愿与外界接触。

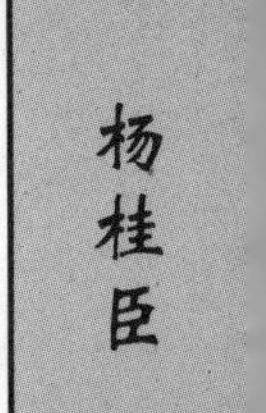

昆山片玉		【昆山片玉】kūn shān piàn yù 昆山：昆仑山。昆仑山许多玉石中的一块。语出《晋书·郤诜传》：“累迁雍州刺史，武帝于东堂会送，问诜曰：‘卿自以为何如？’诜对曰：‘臣举贤良对策，为天下第一，犹桂林之一枝，昆山之片玉。’”本是表示谦逊，后转用以比喻众美中之杰出者。
雷厉风行		【雷厉风行】léi lì fēng xíng 厉：猛烈。形容声势猛烈得像打雷一样，行动迅速得像刮风一样。语出清·李渔《蜃中楼·献寿》：“大丈夫做事，雷厉风行。”也作“雷厉风飞”。
趁热打铁		【趁热打铁】chèn rè dǎ tiě 指趁着铁烧红的时候锤打它。比喻趁着有利的时机或条件，抓紧去做。
不可向迩		【不可向迩】bù kě xiàng ěr 迩：近。不能靠近。语出《尚书·盘庚》：“若火之燎于原，不可乡（向）迩。”

百炼成钢		【百炼成钢】bǎi liàn chéng gāng 语出汉·应劭《汉官仪》：“今取坚钢百炼而不耗。”比喻经过多次锻炼，才能成为优秀人物。
含哺鼓腹		【含哺鼓腹】hán bǔ gǔ fù 哺：口中所含的食物；腹：肚子。含着食物嬉戏，吃饱了就游玩。原是古人想象中原始社会时无忧无虑的生活。语出《庄子·马蹄》：”夫赫胥氏之时，民居不知所为，行不知所之，含哺而熙，鼓腹而游。”后来用以形容太平时人民欢乐的景象。
逢场作戏		【逢场作戏】féng chǎng zuò xì 逢：遇到；场：戏剧或杂技演出的场地。指遇到演出的场地，偶尔表演一次。比喻在适当时机或场合偶尔凑凑热闹。语出宋·释道原《景德传灯录·卷六·江西道一禅师》：“师云：‘石头路滑。’（邓稳峰）对云：‘竿木随身，逢场作戏。’”
何必当初		【何必当初】hé bì dāng chū 意思是，当初何必那样做呢？多用于对过去的作为表示后悔。

精神抖擞		【精神抖擞】jīng shén dǒu sǒu 抖擞：精神振奋的样子。形容精神振作。语出《元曲选·尚仲贤<单鞭夺槊>二》：“你道是精神抖擞，又道是机谋通透。”
力挽狂澜		【力挽狂澜】lì wǎn kuáng lán 挽：挽救，挽回；狂澜：猛烈的大波浪。比喻尽力来挽回险恶的局势。语出唐·韩愈《昌黎先生集·进学解》：“障百川而东之，回狂澜于既倒。”现在多用以歌颂革命家伟大的无产阶级革命气魄。
后顾之忧		【后顾之忧】hòu gù zhī yōu 顾：照顾。指在前进或外出的过程中，担心后方发生的问题或出乱子。语出《魏书·李冲传》：“朕以仁明忠雅，委以台司之寄，使我出境无后顾之忧。”
不骄不躁		【不骄不躁】bù jiāo bù zào 指既不骄傲，也不急躁。

佛口蛇心		【佛口蛇心】fó kǒu shé xīn 比喻嘴上说得很好听，但存心极为恶毒。
呼吸相通		【呼吸相通】hū xī xiāng tōng 比喻思想意志一致，利害相连。
彼一时，此一时		【彼一时，此一时】bǐ yī shí，cǐ yī shí 形容过去和现在情况不同，不能相混。《汉书·东方朔传》："彼一时也，此一时也，岂可同哉！"
高自标置		【高自标置】gāo zì biāo zhì 把自己的位置放得高高的。形容把自己估计得很高。语出南朝·宋·刘义庆《世说新语·赏誉》："殷中军（浩）道韩太常（康伯）曰：'康伯少自标置，居然是出群器。'"

枯木逢春		【枯木逢春】kū mù féng chūn 指枯树遇上春天，又恢复了生命力。语出宋·释道原《景德传灯录·卷二十三·唐州大乘山和尚》：“问：‘枯树逢春时如何？’师曰：‘世间希有。’”比喻垂危的病人或濒于绝境的事物得到了挽救。
举不胜举		【举不胜举】jǔ bù shèng jǔ 胜：尽。举也举不完。形容多得很。
抛砖引玉		【抛砖引玉】pāo zhuān yǐn yù 指抛出砖去，引回玉来。唐朝诗人常建听说赵嘏来到苏州，断定他一定要去游灵岩寺，就先在寺前写了两句诗，赵嘏看到以后，便接在后面加了两句，完成一首。常建写的不如赵嘏的好，因此说常建这种做法是“抛砖引玉”。后用比喻自己先发表粗浅的意见或文章，目的在于引出别人的高见或文章。
不屈不挠		【不屈不挠】bù qū bù náo 挠：弯曲，屈服。指在困难或恶势力前不屈服，不低头。语出《汉书·叙传下》：“乐昌笃实，不挠不屈。”

卑躬屈膝		【卑躬屈膝】bēi gōng qū xī 卑躬：低头弯腰；屈膝：下跪。形容没有骨气，谄媚奉承别人的无耻形象。
千秋万代		【千秋万代】qiān qiū wàn dài 千秋：千年。一千年，一万代。指世世代代的意思。
筚门圭窦		【筚门圭窦】bì mén guī dòu 筚门：柴门；圭：古代玉器名，长条形，上端作三角状；圭窦：上尖下方的圭形门洞。旧指贫苦人家。语出《左传·襄公十年》："筚门圭窦之人，而皆陵其上。"
东山再起		【东山再起】dōng shān zài qǐ 据《晋书·谢安传》记载，谢安曾经辞官隐居在东山，后又出山作了宰相。后来就用"东山再起"指再度任职。也比喻失败后，恢复力量重新得势。

黑白分明		【黑白分明】hēi bái fēn míng 比喻好坏区分得很清楚。也形容字迹、画面清楚。语出《后汉书·朱浮传》："而今牧人之吏，多未称职，小违理实，辄见斥罢，岂不粲然黑白分明也哉！"
脍炙人口		【脍炙人口】kuài zhì rén kǒu 脍：细切的肉；炙：烤肉。比喻人人赞美和传诵。语出五代·王定保《唐摭言》："李涛篇咏甚著，如'溪声长在耳，山色不离门'……皆脍炙人口。"
老成持重		【老成持重】lǎo chéng chí zhòng 老成：阅历多、经验丰富，老练成熟；持重：做事谨慎。办事认真稳重，不轻举妄动。语出清·魏善伯《魏伯子集·留侯论》："而老成持重，坐靡岁月，终于无成者，不可胜数。"
匹夫有责		【匹夫有责】pǐ fū yǒu zé 匹夫：旧时里指平民中的男子，后泛指一个普通人。常言说："天下兴亡，匹夫有责。"意思是说，关心国家大事，每个人都有责任。

八斗之才		【八斗之才】bā dǒu zhī cái 才：文才，才华。旧时比喻人富有才华。语出《南史·谢灵运传》：“灵运曰：‘天下才共一石，曹子建独得八斗，我得一斗，自古及今共用一斗。’”
闭关自守		【闭关自守】bì guān zì shǒu 闭关：封闭关口。指封闭关口，不跟别的国家往来。
悲愤填膺		【悲愤填膺】bēi fèn tián yīng 膺：胸。形容悲痛和愤怒充满了胸膛。
千疮百孔		【千疮百孔】qiān chuāng bǎi kǒng 比喻破坏得非常严重，或毛病很多。语出唐·韩愈《昌黎先生集·与孟尚书书》：“群儒区区修补，百孔千疮，随乱随失，其危如一发引千钧。”

波谲云诡		【波谲云诡】bō jué yún guǐ 谲：怪异，变化。语出汉·扬雄《甘泉赋》："于是大厦云谲波诡。"本形容房屋的构造就像云彩和波浪那样千态万状。后形容事态的变幻莫测。
成败利钝		【成败利钝】chéng bài lì dùn 利：锋利，顺利；钝：不锋利，不顺利。指成功，失败，顺利，困难。也指事情的结果好坏。语出诸葛亮《后出师表》："臣鞠躬尽瘁，死而后已，至于成败利钝，非臣之明所能逆睹也。"
不为已甚		【不为已甚】bù wéi yǐ shèn 为：做；已甚：过火的事。指不做过分的事情。多指对人的责备或处罚适可而止。语本《孟子·离娄下》。
别具一格		【别具一格】béi jù yī gé 指另有一种独特的风格。

捕风捉影		【捕风捉影】bǔ fēng zhuō yǐng 比喻说话或做事毫无事实根据。语出宋·朱熹《朱子全书·学一》："若悠悠地，似做不做，如捕风捉影，有甚长进！"
楚弓楚得		【楚弓楚得】chǔ gōng chǔ dé 据《孔子家语·好生》里说，楚王一次出游，把弓丢了。他手下的人要去寻找，楚王说："止，楚人失弓，楚人得之，又何求焉？"比喻自己的东西虽然失去，而取得者却不是外人，仍是自家人。
出言不逊		【出言不逊】chū yán bù xùn 逊：谦让，恭顺。指说话傲慢不客气。语出《三国志·魏志·张郃传》："图（郭图）惭，又谮郃曰：'郃快军败，出言不逊。'郃惧，乃归太祖。"
触类旁通		【触类旁通】chù lèi páng tōng 触类：接触某一方面的事物；旁通：互相贯通。指懂得或掌握了某一事物的知识或规律，就可以从而类推了解同类的其他事物。

金戈铁马		【金戈铁马】jīn gē tiě mǎ 戈：古时的一种武器；金戈：金属制的戈；铁马：配有铁甲的战马。多指战争。语出《新五代史·李袭吉传》：“金戈铁马，蹂践于明时。”形容战士的雄姿。
精诚团结		【精诚团结】jīng chéng tuán jié 精诚：真诚。指一心一意，团结一致。
趁火打劫		【趁火打劫】chèn huǒ dǎ jié 趁：利用机会。指趁人家发生火灾时去抢劫。比喻在别人有危难时去捞好处。
踟蹰不前		【踟蹰不前】chí chú bù qián 踟蹰：徘徊不进，犹豫不决。形容拿不定主意，不敢前进。

吹影镂尘		【吹影镂尘】chuī yǐng lòu chén 镂：雕刻。指用嘴吹影子，在尘土微粒上雕刻。比喻工艺精细得不见形迹。语出《关尹子·一宇》："言之如吹影，思之如镂尘。"
唇亡齿寒		【唇亡齿寒】chún wáng chǐ hán 指嘴唇没有了，牙齿就会感到寒冷。比喻关系密切，利害关系共同。
出谷迁乔		【出谷迁乔】chū gǔ qiān qiáo 谷：幽谷；乔：乔木，枝干高大的树木。指从幽暗的溪谷出来，迁上了高大的乔木。过去多用来祝贺人家迁居。语出《诗经·小雅·伐木》："出自幽谷，迁于乔木。"
春树暮云		【春树暮云】chūn shù mù yún 暮：傍晚。语出唐·杜甫《春日忆李白》："渭北春天树，江东日暮云。何时一樽酒，相与细论文。"意思是杜甫在渭北见到的是"春树"，李白在江南见到的是"暮云"，触景生情，更加思念。后来就用"春树暮云"表示思念远道的友人。

刻骨铭心		【刻骨铭心】kè gǔ míng xīn 铭：把文字刻在石头或金属器物上。形容记忆深刻，永远不忘。多用于对别人的感激。语出明·李开先《林冲宝剑记》第二出："年劳，烈女贞良，恩同海岳，铭心刻骨难忘。"
椿萱并茂		【椿萱并茂】chūn xuān bìng mào 椿：长寿的大椿，用以象征父亲；萱：种在北堂使人忘忧的萱草，用以象征母亲。指大椿和萱草都茂盛。比喻父母都健康。语出《庄子·逍遥游》。
万古长青		【万古长青】wàn gǔ cháng qīng 长青：指像松柏那样永远苍翠。比喻高尚的精神或深厚的友谊永远不会衰退、消失。
磨杵成针		【磨杵成针】mó chǔ chéng zhēn 杵：舂米或捶衣用的棒。把一根铁杵磨成一根针。据《潜确类书》里说，李白小时念书不用功，想中途不念了。有一天，在路上碰见一个老太婆，正在磨一根铁棒，说要把它磨成针，李白很受感动，回来就发愤读书，终于取得了很大的成就。比喻只要有毅力，肯下工夫，一定能克服困难，做出成绩。

愁云惨雾		【愁云惨雾】chóu yún cǎn wù 形容令人愁闷凄惨的景象。语见宋·释道原《景德传灯录·卷二十二》。
出生入死		【出生入死】chū shēng rù sǐ 语出《韩非子·解老》：“人始于生而卒于死，始谓之初，卒谓之入，故曰出生入死。”语意原指从出生到死去。后来形容冒生命危险，随时有死亡的可能。
穿凿附会		【穿凿附会】chuān záo fù huì 穿凿：把讲不通的硬要讲通；附会：把不相干的事拉在一起。指生拉硬扯，勉强凑合。语出宋·洪迈《容斋续笔·卷二·义理之说无穷》：“经典义理之说，最为无穷，以故解释传疏，自汉至今，不可概数，至有一字而数说者……用是知好奇者欲穿凿附会固各有说云。”
大智大勇		【大智大勇】dà zhì dà yǒng 智：智慧。勇：胆识。指非凡的智慧和胆识。

冰天雪地		【冰天雪地】bīng tiān xuě dì 形容冰雪铺天盖地。
不自量力		【不自量力】bù zì liàng lì 量：估计、衡量。不能正确地估量自己的能力。多指过高地估计自己。
别无长物		【别无长物】bié wú cháng wù 长物：多余的东西。再也没有别的东西。形容极其清贫或俭朴。
不省人事		【不省人事】bù xǐng rén shì 省：明白，知道。人事：人世的各种事情。指失去知觉，陷入昏迷状态。也指不懂得人情事理。

出神入化		【出神入化】chū shén rù huà 神：神奇。化：化境。形容技艺达到绝妙的境界。
垂死挣扎		【垂死挣扎】chuí sǐ zhēng zhá 垂：接近。临近死亡时的最后挣扎或抵抗。
除暴安良		【除暴安良】chú bào ān liáng 铲除残暴之徒，安抚善良百姓。
大刀阔斧		【大刀阔斧】dà dāo kuò fǔ 刀、斧：古时作战时使用的兵器。原形容军队声势浩大，杀气腾腾。后比喻办事果断而有魄力。

餐风宿露		【餐风宿露】cān fēng sù lù 在风雨里吃饭，在露水里睡觉。形容旅途或野外生活的艰苦。
狂风暴雨		【狂风暴雨】kuáng fēng bào yǔ 原指大风大雨。后也可以比喻猛烈的声势或处境险恶。也比喻粗暴的态度和方法。
满目疮痍		【满目疮痍】mǎn mù chuāng yí 疮痍：创伤。满眼都是残破凄凉的景象。形容破坏的程度极为严重。
良药苦口		【良药苦口】liáng yào kǔ kǒu 好药吃起来苦，但能治病。比喻尖锐的批评听起来不舒服，但对人有帮助。

炊沙作饭		【炊沙作饭】chuī shā zuò fàn 把沙子煮成米饭。比喻白费力气，无济于事。
出人意表		【出人意表】chū rén yì biǎo 出乎人们的意料之外。
不相上下	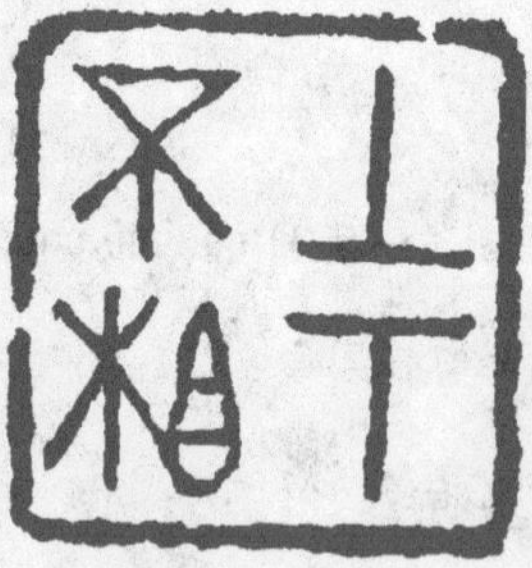	【不相上下】bù xiāng shàng xià 分不出高低、胜负、好坏。形容差别不大，程度相当。
词不达意		【词不达意】cí bù dá yì 词：言辞。达意：表达思想。指说话作文时词句不能充分确切地表情达意。

炯炯有神		【炯炯有神】jǒng jǒng yǒu shén 炯炯：明亮的样子。形容目光明亮而又有神采。
南鹞北鹰		【南鹞北鹰】nán yào běi yīng 鹞：鹰：两种猛鸟。据《晋书·崔洪传》记载，崔洪“以清厉骨鲠显名”，“时人为之语曰：丛生棘刺，来自博陵，在南为鹞，在北为鹰。”意思是在南面就像鹞一样，在北面就像鹰一样。后比喻为人刚直严峻。
残杯冷炙		【残杯冷炙】cán bēi lěng zhì 残杯：喝剩下的酒。冷炙：放冷了的烤肉。指吃剩的酒肉。也比喻豪门权贵的冷遇或施舍。
不言而喻		【不言而喻】bù yán ér yù 言：说；喻：明白，知道。不用说就能明白。形容事理极其明显。

大智若愚		【大智若愚】dà zhì ruò yú 若：如，像。极有智慧的人外表上看似很愚笨。
拨乱反正		【拨乱反正】bō luàn fǎn zhèng 拨：平定，治理。反：回复。治理混乱的局面，恢复正常的秩序。
垂涎欲滴		【垂涎欲滴】chuí xián yù dī 馋得口水都要滴下来了。
楚材晋用		【楚材晋用】chǔ cái jìn yòng 楚、晋：春秋时诸侯国名。楚国人才被晋国使用。比喻本国或本地人才流失到别国或外地。

不厌其详		【不厌其详】bù yàn qí xiáng 详：详尽，完备，不嫌详细，越详细越好。
不一而足	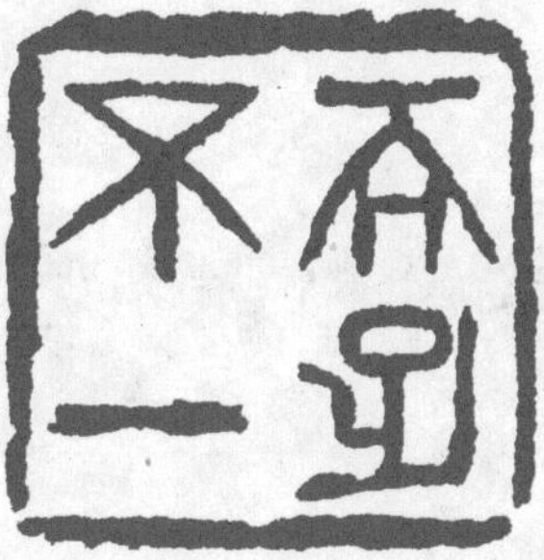	【不一而足】bù yī ér zú 足：满足。原指不是一事一物可以满足。后指同类事物非常之多，不能尽举。或情况不止一次或一种，而是很多。
重规叠矩		【重规叠矩】chóng guī dié jǔ 规：画圆形的工具。矩：画直线或方形的曲尺。前后相合，重叠的规矩和制度。比喻因袭重复。
残茶剩饭		【残茶剩饭】cán chá shèng fàn 指吃剩的残汤剩食。

扶弱抑强		【扶弱抑强】fú ruò yì qiáng 扶：帮助；抑：压制。扶助弱小，抑制强暴。语本《汉书·刑法志》。
稠人广座		【稠人广座】chóu rén guǎng zuò 稠：又多又密。广：众多。形容人很多。
愁眉锁眼		【愁眉锁眼】chóu méi suǒ yǎn 因忧愁而紧锁眉头，不得舒展。形容忧心忡忡的样子。
梦寐以求		【梦寐以求】mèng mèi yǐ qiú 寐：睡着。睡梦中都在追求。形容愿望十分迫切。

充耳不闻		【充耳不闻】chōng ěr bù wén 充：塞住。塞住耳朵不听。形容有意不听别人的意见。
独具匠心		【独具匠心】dú jù jiàng xīn 匠心：灵巧的心思。指具有独到的构思或创造性。
雷打不动		【雷打不动】léi dǎ bù dòng 形容意志坚定，不可动摇。也形容做事稳健。
不分彼此		【不分彼此】bù fēn bǐ cǐ 彼：那，对方。此：这，我方。不分你我。形容情谊深厚，关系密切。

怪诞不经		【怪诞不经】guài dàn bù jīng 怪诞：荒唐离奇。不经：不合常理。非常荒唐离奇，不合情理。
豪放不羁		【豪放不羁】háo fàng bù jī 羁：马笼头，引申为束缚。形容人性情豪爽奔放，不受任何拘束。
河山带砺		【河山带砺】hé shān dài lì 河：黄河；山：泰山；带：衣带；砺：磨刀石。黄河细得像条衣带，泰山小得像块磨刀石。比喻时间久长，任何动荡也决不变心。古时多用为受封者的誓辞。《史记·高祖功臣侯者年表》：“封爵之誓曰：‘使河如带，泰山若厉（砺），国以永宁，爰及苗裔。’”
厚此薄彼		【厚此薄彼】hòu cǐ bó bǐ 厚：重视，优待。薄：轻视。重视或优待这一方，轻视或慢待另一方。形容不同等对待。

国计民生		【国计民生】guó jì mín shēng 国家经济和人民生活。
孤行己见		【孤行己见】gū xíng jǐ jiàn 只按照自己的意见办事，不接受别人的意见。
不翼而飞		【不翼而飞】bù yì ér fēi 不翼：没有翅膀。没长翅膀，竟然飞去。比喻不用宣传就迅速传播。也比喻东西突然消失。
病入膏肓		【病入膏肓】bìng rù gāo huāng 膏肓：古称心尖脂肪为“膏”，心脏与膈膜之间为“肓”。是指药力不到之处。原指病情危重，无法救治。后比喻事态严重无可挽回。

白日作梦		【白日作梦】bái rì zuò mèng 比喻幻想根本不可能实现的事。
诲人不倦		【诲人不倦】huì rén bù juàn 诲：教导，训诲。教诲别人不知疲倦。形容施教非常耐心。
百思不解		【百思不解】bǎi xī bù jiě 反复思考仍然无法理解。
避其锐气，击其惰归		【避其锐气，击其惰归】bì qí ruì qì,jī qí duò guī 锐气：斗志旺盛的士气；惰：懈怠，疲劳；归：退回。避开敌人初来时的锐气，等敌人疲劳退缩时，狠狠地加以打击。语出《孙子·军争》：“故善用兵者，避其锐气，击其惰归，此治气者也。”

和光同尘		【和光同尘】hé guāng tóng chén 和：混同。不显露本身的光彩，与尘俗混同。表示迎合时俗不露锋芒、随波逐流的处世态度。
果于自信		【果于自信】guǒ yú zì xìn 果：敢。勇于相信自己。形容过分自信。《列子·汤问》："肖叔曰：'皇子果于自信，果于逆理哉！'"
淮南鸡犬		【淮南鸡犬】huái nán jī quǎn 据《神仙传·刘安》记载，汉朝淮南王刘安白日升天后，残留下的丹药撒在庭院里，鸡啄狗舔后也都升了天。后比喻攀附别人而得势的人。
话不投机		【话不投机】huà bù tóu jī 指感情或趣味不投合，话说不到一块儿。

跋山涉水		【跋山涉水】bá shān shè shuǐ 跋山：翻山越岭。涉水：徒步过河。形容旅途劳苦。
业精于勤		【业精于勤】yè jīng yú qín 业：学业，事业。精：精通，精深。勤：勤奋。学业或事业的精深来自于勤奋用功。
曾经沧海		【曾经沧海】céng jīng cāng hǎi 曾经：以前经历过；沧海：大海。比喻人见过大世面，眼界很高。语本唐·元稹《元氏长庆集·离思》。
同仇敌忾		【同仇敌忾】tóng chóu dí kài 同仇：共同对付仇敌。敌：对抗。忾：这里指愤恨的人。共同怀着无比的仇恨对抗敌人。

统筹兼顾		【统筹兼顾】tǒng chóu jiān gù 筹：谋划。顾：照顾。通盘筹划，全面顾及。
语重心长		【语重心长】yǔ zhòng xīn cháng 言语恳切，情意深长。
不登大雅之堂		【不登大雅之堂】bù dēng dà yǎ zhī táng 大雅：旧时指对文学、艺术有一套“雅正”标准的人；堂：厅堂。意思是粗俗的文艺作品大雅之人是看不上眼的。也指没有见过大场面的或不配参与大场面的人。
不期而遇		【不期而遇】bù qī ér yù 期：邀约，约会。事先没有预约，意外地相遇。

闭月羞花		【闭月羞花】bì yuè xiū huā 月亮见了躲藏，花儿见了含羞。形容女子容貌极其美丽。
雅人深致		【雅人深致】yǎ rén shēn zhì 雅：雅正，高尚。致：意态，志趣。指高雅之人深远的意趣。也用来形容人的言谈举止高尚文雅，不同流俗。
胸怀祖国		【胸怀祖国】xiōng huái zǔ guó 心里想着祖国，指站在中国人民和世界人民的立场上看问题。
百废俱兴		【百废俱兴】bǎi fèi jù xīng 俱：全，都。许多被延误、被搁置的事情都兴办起来。形容各项事业蓬勃发展。

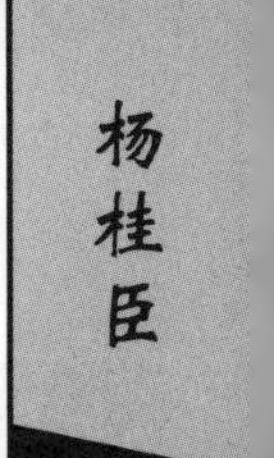

鳏寡孤独		【鳏寡孤独】guān guǎ gū dú 语出《孟子·梁惠王下》：“老而无妻曰鳏，老而无夫曰寡，老而无子曰独，幼而无父曰孤：此四者，天下之穷民而无告者。”后指没有劳动力而又无人赡养的人。
心心相印		【心心相印】xīn xīn xiāng yìn 本佛教用语，指传授佛法不借助于文字，而以心互相印证。后指彼此思想感情完全投合。
患得患失		【患得患失】huàn dé huàn shī 患：担心，忧虑。没有时担心得不到，得到了又担心失去。原指忧虑禄位的得失，后多指过分计较个人的利害得失。
赤壁鏖兵		【赤壁鏖兵】chì bì áo bīng 赤壁：地名，在湖北省蒲圻县西北；鏖：激战。汉建安十三年，孙权、刘备联军用火攻的办法大破曹兵的一次战斗。

层出不穷		【层出不穷】céng chū bù qióng 层：重叠，接连不断。穷：尽。接连出现，没有止尽。
地大物博		【地大物博】dì dà wù bó 博：丰富。国家的疆土辽阔，资源丰富。
半壁江山		【半壁江山】bàn bì jiāng shān 半壁：半边。江山：指国土。指国家遭到入侵后保存下来的或丧失掉的部分国土。
精益求精		【精益求精】jīng yì qiú jīng 精：完美。益：更加。已经很好了，还要求更好。

雄才大略		【雄才大略】xióng cái dà lüè 杰出的才能，高超的谋略。
过甚其词		【过甚其词】guò shèn qí cí 过、甚：过分。辞：言辞。指话说的过分，与实际情况不符。
化为泡影		【化为泡影】huà wéi pào yǐng 泡影：水泡和物体的影子。变成水泡和影子那样很快就消失的东西。形容希望落空。
荒谬绝伦		【荒谬绝伦】huāng miù jué lún 荒谬：极端错误，不合情理。绝伦：独一无二，无以可比。形容荒唐、错误到了极点。

坚韧不拔		【坚韧不拔】jiān rèn bù bá 坚韧：坚持而不动摇。拔：移动，改变。形容意志坚强，不可动摇。
百发百中	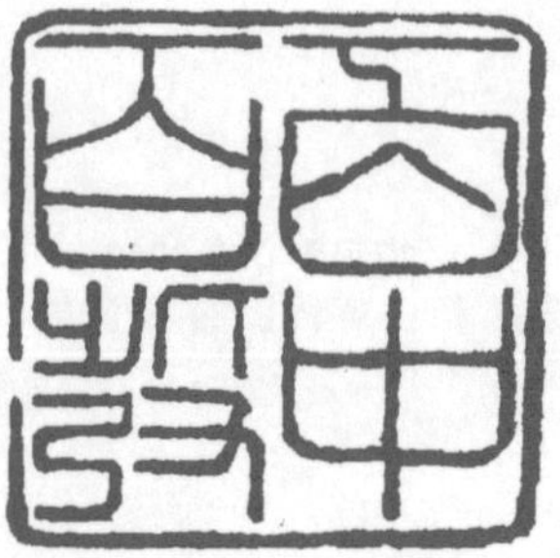	【百发百中】bǎi fā bǎi zhòng 发：发射。中：中的，命中目标。形容射技很高，每次都能命中目标。也比喻料事准确，算计高明，做事有十分的把握。
卑之无甚高论		【卑之无甚高论】bēi zhī wú shèn gāo lùn 卑：低下；高论：不平凡的议论。《汉书·张释之传》："释之既朝毕，因前言便宜事。文帝曰：'卑之，毋甚高论，令今可行也。'"原意是要他谈当前的事情，不可空发过高的议论。后用来表示见解一般，没有什么突出的论点。
班门弄斧		【班门弄斧】bān mén nòng fǔ 班：鲁班，古代的能工巧匠。在鲁班门前要弄斧头。比喻在行家面前卖弄本领。

不因人热		【不因人热】bù yīn rén rè 因：依靠。据《东观汉记·梁鸿传》记载，一次邻居家做完饭，要梁鸿趁着热灶热锅接着做饭，梁鸿回答说："童子鸿不因人热者也。"他又另行点起火来做自己的饭。后表示不仰赖别人。
不主故常		【不主故常】bù zhǔ gù cháng 故常：指旧的常规。不拘守旧套或不拘泥于一种方法。语出《庄子·天运》："其声能短能长，能柔能刚，变化齐一，不主故常。
兼程并进		【兼程并进】jiān chéng bìng jìn 以加倍的速度赶路，几方面同时前进。
锦绣江山		【锦绣江山】jǐn xiù jiāng shān 锦绣：精美华丽的丝织品。比喻美丽或美好。江山：山岭和江河，代指国土，形容国土像锦绣般美丽。

坚不可摧		【坚不可摧】jiān bù kě cuī 坚：坚固。摧：摧毁。非常坚固，不能摧毁。
放眼世界		【放眼世界】fàng yǎn shì jiè 放眼：放开眼界，目光不局限在狭小范围内。放开眼界，纵观天下。
百依百顺		【百依百顺】bǎi yī bǎi shùn 依：依从。事事都顺从对方。形容一味顺从而不问是非。
有求必应		【有求必应】yǒu qiú bì yìng 只要提出要求，一定会答应。

户限为穿		【户限为穿】hù xiàn wéi chuān 户限：门槛；穿：透，破。踏破了门槛。形容来往的人很多。
含蓼问疾		【含蓼问疾】hán liǎo wèn jí 蓼：一种苦味的水草。含着辛苦，问候疾病。旧时比喻君主抚慰军民，与百姓同甘共苦。语出《三国志·蜀志·先主传》注引习凿齿文："观其所以结物情者，岂徒投醪抚寒，含蓼问疾而已哉！"
狐狸尾巴		【狐狸尾巴】hú li wěi ba 古时候传说狐狸能够变成人形来迷惑人，但它的尾巴却始终不能变掉，成为妖怪原形的标志或辨认妖怪的实证，因此比喻坏人的本来面目或迷惑、欺骗人的罪证。
官样文章		【官样文章】guān yàng wén zhāng 原指适应官场需要、典雅堂皇的文章。也指有固定套式的文章。后指徒具形式、照例敷衍的虚文滥调。

良师益友		【良师益友】liáng shī yì yǒu 能给人以教益和帮助的好老师和好朋友。
比物此志		【比物此志】bǐ wù cǐ zhì 比物：比类，比喻。指用事物行为来寄托、表达自己的心意。语出《汉书·贾谊传》：“圣人有金城者，比物此志也。”
焕然一新		【焕然一新】huàn rán yī xīn 焕然：鲜明光亮的样子。呈现出崭新的面貌或气象。
壁垒森严		【壁垒森严】bì lěi sēn yán 森严：整齐、严肃。形容防守严密。也比喻界限分明，不可逾越。

草木皆兵		【草木皆兵】cǎo mù jiē bīng 野草和树木都像是军队。形容惊恐万状，疑神疑鬼，稍有动静就异常紧张而产生错觉。
不敢旁骛		【不敢旁骛】bù gǎn páng wù 骛：力求。不敢再求别的。形容注意力聚焦于一点。
惨无人道		【惨无人道】cǎn wú rén dào 人道：指对人的同情和爱护以及尊重人的人格、权利的一种道德。残酷到了没有一点人性的地步。形容凶恶残暴到了极点。
见多识广		【见多识广】jiàn duō shí guǎng 见过的和知道的很多。指阅历深，见识广。

大气磅礴		【大气磅礴】dà qì páng bó 磅礴：广大无边。形容气势盛大。
楚囚对泣		【楚囚对泣】chǔ qiú duì qì 楚囚：指春秋时被俘到晋的楚人钟仪，后指处于危难窘迫境地的人。像楚囚那样相对哭泣。比喻人处于困境，只知在一起悲痛而无所作为。
触目惊心		【触目惊心】chù mù jīng xīn 一看到某种情况就不禁为之震惊。形容所见情况极其严重。
愁眉苦脸		【愁眉苦脸】chóu méi kǔ liǎn 皱着眉头，哭丧着脸。形容愁苦的神色。

侧目而视		【侧目而视】cè mù ér shì 侧目：斜着眼睛。斜着眼睛看人。形容畏惧、不满或鄙视的神情。
百折不挠		【百折不挠】bǎi zhé bù náo 折：挫折。挠：弯曲。经过多少次挫折，也不动摇屈服。比喻意志坚强，在强大的压力之下和巨大的困难面前毫不退缩。
白手起家		【白手起家】bái shǒu qǐ jiā 白手：空手。比喻在一无所有或条件极差的情况下，靠艰苦奋斗创立一番事业。
哀毁骨立		【哀毁骨立】āi huǐ gǔ lì 哀毁：因悲哀过度而损坏了身体。骨立：消瘦得只剩一副骨架。旧时形容子女遭父母之丧无比悲痛而损伤了身体。

哀感顽艳		【哀感顽艳】āi gǎn wán yàn 顽：愚笨。艳：俊美。原形容歌声哀婉凄恻，使顽钝和聪明的人都受感动。后用来形容缠绵绮丽的作品。
俯首帖耳		【俯首帖耳】fú shǒu tiē ěr 俯首：低着头。帖耳：耷拉着耳朵。形容驯服、顺从的样子。
泛滥成灾		【泛滥成灾】fàn làn chéng zāi 江河湖泊的水涨溢漫流，造成灾害。也比喻某种不良现象或有害的言行思想四处扩散，成为祸患。
风言风语		【风言风语】fēng yán fēng yǔ 指毫无根据的空话。又指中伤人的恶言恶语。今多用来指背后议论，散布流言以伤害他人。

心旷神怡		【心旷神怡】xīn kuàng shén yí 旷：开朗。怡：畅快。心境开阔，精神愉快。
称王称霸		【称王称霸】chēng wáng chēng bà 自封为帝王或霸主。比喻狂妄自大，专横独断。
沉吟不决		【沉吟不决】chén yín bù jué 吟：迟疑，犹豫。指遇到难题而犹豫难决。
名副其实		【名副其实】míng fù qí shí 副：相称，符合。名声或名称与实际完全符合。

呼朋引类		【呼朋引类】hū péng yǐn lèi 引：招引。类：同类。呼唤、招引同类的人。多形容坏人之间互相勾结。
哀鸿遍野		【哀鸿遍野】āi hóng biàn yě 哀鸿：悲哀鸣叫的大雁，形容悲哀呼号的灾民。野：郊外，这里指大地上。比喻因流离失所而呻吟呼号的灾民到处都是。
不入虎穴，焉得虎子		【不入虎穴，焉得虎子】bù rù hǔ xué,yān dé hǔ zǐ 焉：怎么。不进老虎洞，怎么能捉到小老虎呢？比喻不冒危险，不经历最艰苦的实践，就不能取得重大的成就。语出《后汉书·班超传》。
避坑落井		【避坑落井】bì kēng luò jǐng 躲过了坑，却掉进了井里。比喻避开了一劫，却遇到另一劫。

长驱直入		【长驱直入】cháng qū zhí rù 驱：策马快跑。直：径直。指进军神速而顺利，径直到达对方纵深地区。
笨鸟先飞	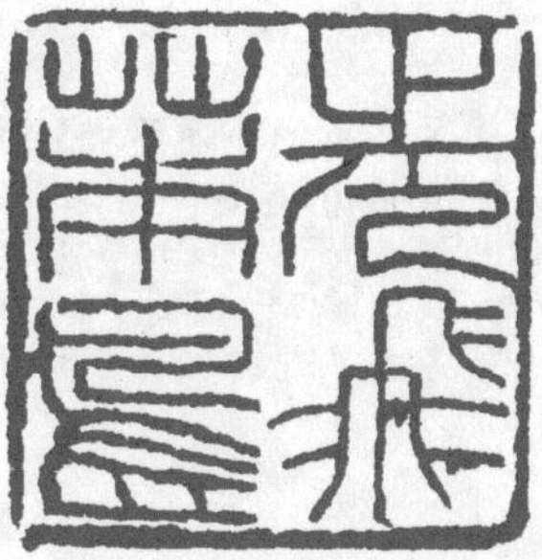	【笨鸟先飞】bèn niǎo xiān fēi 比喻资质、能力差的人做事比别人先动手。
安常处顺		【安常处顺】ān cháng chǔ shùn 处顺：处于顺从的状态。安于平常的状态，顺从事物的发展。
安富尊荣		【安富尊荣】ān fù zūn róng 身安富有，尊贵荣耀。旧指达官显宦身安、家富、位尊、名荣的高居人上的地位。现也指安于富贵，过养尊处优的生活。

百身何赎		【百身何赎】bǎi shēn hé shú 百身：用自己的身子一百个，意即自身死一百次；何：怎么；赎：抵。用自己的一百条命作抵，如何换得过来！语出《诗经·秦风·黄鸟》：“如可赎兮，人百其身。”后表示对死者极其沉痛的悼念。
百足之虫，死而不僵		【百足之虫，死而不僵】bǎi zú zhī chóng, sǐ ér bù jiāng 百足：虫名，即马陆，约一寸长，躯干计二十节，切断后仍能蠕动；僵：僵硬。语出《本草》。后比喻人虽死去，他的势力或影响仍然存在。
半间不界		【半间不界】bàn gān bù gà 间、界：与“尴尬”同音。不三不四，不成体统。宋·朱熹《朱子语类·论语》：“便是世间有这一般半间不界底人，无见识，不顾理之是非，一味谩人。”也形容做事不彻底。
变幻莫测		【变幻莫测】biàn huàn mò cè 变幻：不规则地变化。测：测度，捉摸。变化复杂，捉摸不透。

谄上欺下		【谄上欺下】chǎn shàng qī xià 谄：讨好，奉承。对上巴结，对下欺压。
花天酒地		【花天酒地】huā tiān jǔ dì 花：比喻美女，也特指妓女。多形容吃喝玩乐的奢侈堕落生活。也指富贵繁华的景象。
管见所急		【管见所急】guǎn jiàn suǒ jí 管见：从管中看事物，比喻见解肤浅；及：达到。只是从管中看到的那一点儿。自己谦逊的话，表示所见不广，意见不一定正确。
缓不济急		【缓不济急】huǎn bù jì jí 济：救助。缓慢的行动帮助不了紧急的需要。形容办法太慢，赶不上应用。

大义凛然		【大义凛然】dà yì lǐn rán 大义：正义，正气。凛然：严峻而不可侵犯，令人敬畏的样子。形容为了正义事业坚强不屈、无所畏惧的庄严神态。
撑肠拄肚		【撑肠拄肚】chēng cháng zhǔ dǔ 肚：胃。装满了肠胃，腹中饱满。比喻能够容纳。宋·苏轼《试院煎茶》诗："不用撑肠拄腹文字五千卷，但愿一瓯常及睡足日高时。"
引狼入室		【引狼入室】yǐn láng rù shì 引：招引。比喻把敌人、坏人招引进来。
椎心泣血		【椎心泣血】chuí xīn qì xuè 椎心：捶打胸脯。泣血：哭出鲜血。形容悲恸到了极点。

冰炭不相容		【冰炭不相容】bīng tàn bù xiāng róng 比喻两种事物完全对立。语本《韩非子·显学》“冰炭不同器而久”。
不假思索		【不假思索】bù jiǎ sī suǒ 假：借。不经过思考就作出反应。形容应对或行文迅速敏捷。
沉默寡言		【沉默寡言】chén mò guǎ yán 不爱说话，很少出声。
宾至如归		【宾至如归】bīn zhì rú guī 至：到。客人到这里就像回到家里一样。形容待客亲切、热情而又周到。

发人深省		【发人深省】fā rén shēn xǐng 发：启发。省：醒悟。能启发人沉思省察。
封妻荫子		【封妻荫子】fēng qī yìn zǐ 荫：子孙因先代的功劳而受封。封建时代功臣的妻子因丈夫功劳而受封，子孙也承袭官爵。多指建功立业，显耀门庭。
逢人说项		【逢人说项】féng rén shuō xiàn 项：项斯，唐代人。碰见人便称道项斯的才学。比喻热心替人扬名或称道某事的好处。
白日升天	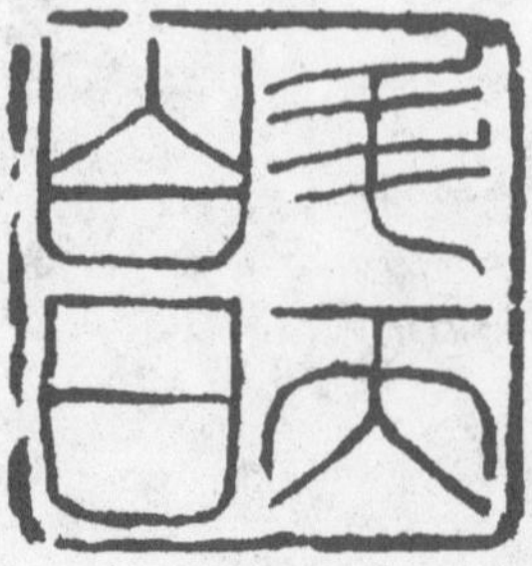	【白日升天】bái rì shēng tiān 道教语。白昼升入天界成仙。比喻骤然显贵。

表里如一		【表里如一】biǎo lǐ rú yī 表：外表。里：指内心。表面和内心一样。比喻思想和言行完全一致。
差之毫厘，谬以千里		【差之毫厘，谬以千里】chā zhī háo lí, miù yǐ qiān lǐ 差：错误；毫、厘：重量和长度的小单位，十毫为一厘；谬：差错。开头时错了一点，结果就会造成很大的错误。
八方呼应		【八方呼应】bā fāng hū yìng 形容各个方面彼此呼应，互相配合。
安居乐业		【安居乐业】ān jū lè yè 安：安于，满意。居：住处。业：职业。安定地居住下来，愉快地工作。形容人民生活安乐幸福。

江山如画		【江山如画】jiāng shān rú huà 形容祖国的大好河山像画一样美丽。
触目皆是		【触目皆是】chù mù jiē shì 眼睛所见到的都是某类事物。形容为数很多。
创巨痛深		【创巨痛深】chuàng jù tòng shēn 创：创伤。伤口很大，痛得厉害。比喻遭受重大的伤害。
床头金尽		【床头金尽】chuáng tóu jīn jìn 床头：指身边。形容身边钱财耗尽，陷入贫困的境地。

独立自主		【独立自主】dú lì zì zhǔ 指不依赖于别人的力量而存在，自己行使主权。
白日衣绣		【白日衣绣】bái rì yì xiù 衣：穿；绣：五彩刺绣的华贵官服。白天穿着华贵的官服，让人们看见。旧时比喻有了功名富贵，向故乡的人们夸耀。
半斤八两		【半斤八两】bàn jīn bā liǎng 旧制十六两为一斤，八两即半斤。指双方轻重相等。比喻彼此一样。
嗷嗷待哺		【嗷嗷待哺】áo áo dài bǔ 嗷嗷：哀鸣声。哺：喂食。原指雏鸟饥饿时哀叫，等待母鸟喂食。后比喻饥饿求食的情状。

及锋而试		【及锋而试】jí fēng ér shì 及：趁，当。锋：锋利，比喻士气旺盛。原指趁着士气正旺，及时作战。后泛指抓住有利时机，及时行动。
牵萝补屋		【牵萝补屋】qiān luó bǔ wū 萝：女萝。把萝藤引上房顶来补草屋。唐·杜甫《佳人》诗："待婢卖珠回，牵萝补茅屋。"本来形容生活困难，挪东补西。后泛用以比喻将就凑合。
旅进旅退		【旅进旅退】lǚ jìn lǚ tuì 旅：众人，引申为共同。与众人共同进退。也指跟着别人走，没有自己的主张。
聚沙成塔		【聚沙成塔】jù shā chéng tǎ 把细沙聚成宝塔。比喻积少成多。

袖手旁观		【袖手旁观】xiù shǒu páng guān 袖手：把手揣在袖子里。唐·韩愈《祭柳子厚文》："不善为斲，血指汗颜；巧匠旁观，缩手袖间。"意为不会砍木头的人在砍，弄得手指破了流血，紧张得满脸是汗；而会砍木头的人却不让去砍，把手揣袖子里，在一边看。后用"袖手旁观"比喻置身事外，既不过问，也不协助别人。
以毒攻毒		【以毒攻毒】yǐ dú gōng dú 中医指用有毒性的药物来治疗毒疮等病。比喻利用坏人、坏事来对付坏人、坏事。宋·罗泌《路史·有巢氏》："以毒攻毒，有至仁焉。"
虚怀若谷		【虚怀若谷】xū huái ruò gǔ 谷：山谷。胸怀像山谷一样深广。形容十分谦虚。清·陆陇其《答山西范彪西进士书》："此诚见先生虚怀若谷，望道未见之心。"
以强凌弱		【以强凌弱】yǐ qiáng líng ruò 《庄子·盗跖》："自是之后，以强陵弱，以众暴寡。"陵：通"凌"。后多作"倚强凌弱"，指凭借强大的实力，欺凌弱小者。元·无名氏《范叔》楔子："今天下并为七国，是秦、齐、燕、赵、韩、楚和俺魏国，各据疆土，倚强凌弱，小脚相下。"

饮恨吞声		【饮恨吞声】yǐn hèn tūn shēng 饮恨：把仇恨咽到肚里；吞声：强忍住哭声。形容受压迫时，忍受痛苦，不敢公开表露。语本《本选·江淹〈恨赋〉》“莫不饮恨而吞声”。
油嘴滑舌		【油嘴滑舌】yóu zuǐ huá shé 形容说话轻浮油滑。《金瓶梅》八八回：“这贱小淫妇儿，学的油嘴滑舌！”
以虚带实		【以虚带实】yǐ xū dài shí 比喻用提高人的政治觉悟来带动具体工作的进展或用理论的指导来带动具体工作。
硬语盘空		【硬语盘空】yìng yǔ pán kōng 硬语：遒劲有力的语言；盘：盘旋。遒劲有力的语言盘旋在天空中。形容文章的气势雄浑，矫建有力。唐·韩愈《昌黎先生集·荐士》诗：“横空盘硬语，妥贴力排奡。”

过河拆桥		【过河拆桥】guò hé chāi qiáo 比喻利用他人达到目的后，便把帮助过自己的人一脚踢开。据《元史·彻里贴木儿传》里说，当时有个许有壬，是由科举进入官场而逐渐升到参政的。后来他却竭力主张废除科举制度。有人讥讽他说："参政可谓过河拆桥者矣。"
胸有成竹		【胸有成竹】xiōng yǒu chéng zhú 成竹：现成的、完整的竹子。比喻处理事情心里先有主意，有成算。
言必有中		【言必有中】yán bì yǒu zhòng 指不说则已，一说出就说得正确。语出《论语·先进》。
一往无前		【一往无前】yī wǎng wú qián 指不把前进路上的困难放在眼里，毫不畏惧地一直向前进。

八仙过海，各显神通		【八仙过海，各显神通】bā xiān guò hǎi, gè xiǎn shén tóng 八仙：即民间传说中的汉钟离、张果老、韩湘子、铁拐李、吕洞宾、曹国舅、蓝采和、何仙姑等八个神仙；神通：古印度一些宗教的说法，修行有成就的人具备各种神妙莫测的能力，叫做神通，后比喻有本领。现多比喻在集体生活中，各有各的办法或本领来完成共同的事业。
八面见光		【八面见光】bā miàn jiàn guāng 形容为人处事非常圆滑、世故，各方面的人都应付得很周到。
豺狼成性		【豺狼成性】chái láng chéng xìng 豺狼：两种凶残的野兽。像豺狼一样凶残成性。语出唐·骆宾王《骆宾王文集·为徐敬业讨武氏檄》。
百口莫辩	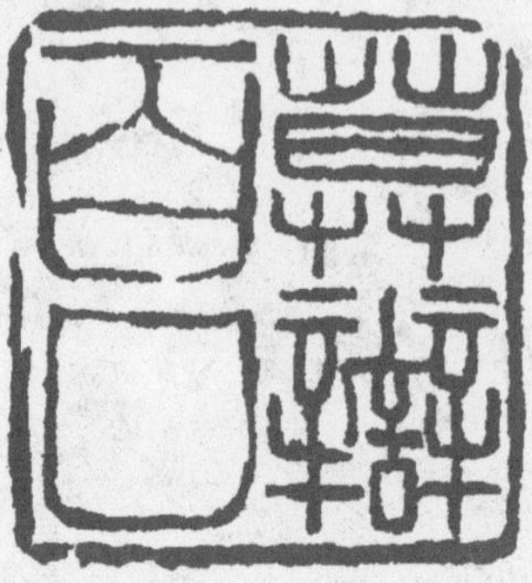	【百口莫辩】bǎi kǒu mò biàn 辩：辩白，解释；莫：没有谁，不能。是指即使有一百张嘴也辩解不了。

故态复萌		【故态复萌】gù tài fù méng 故态：老脾气，老样子;复：又;萌：发生。老样子又逐渐恢复。形容又重犯老毛病了。
海屋添筹		【海屋添筹】hǎi wū tiān chóu 海屋：寓言中堆存记录沧桑变化筹码的房间；筹：筹码。宋·苏轼《东坡志林》第二："尝有三老人相遇，或问之年。一人曰：'海水变桑田时，吾辄下一筹，尔来吾筹已满十间屋。'"后来用"海屋添筹"来祝人长寿，也常用于祝人寿辰。
一心一意		【一心一意】yī xīn yī yì 一个心眼儿、心思。形容没有丝毫其他的念头。
一马当先		【一马当先】yī mǎ dāng xiān 比喻走在最前列，带动别的人或事情，来起到带头作用。

矮人观场		【矮人观场】ǎi rén guān chǎng 场：广场。矮子挤在人群里看场上演戏。比喻所见不广，随声附和。语本《快心编》："总之，无识的一味矮人观场，随声附和。"
暗箭伤人		【暗箭伤人】àn jiàn shāng rén 暗箭：从暗地里放出的箭。比喻暗地里用某种卑劣的手段伤害别人。宋·刘炎《迩言》卷六："暗箭中人，其深次骨，人之怨之，亦必次骨，以其掩人所不备也。"
长生久视		【长生久视】cháng shēng jiǔ shì 久视：不老，耳目不衰。多形容人的长寿。《老子》："长生久视之道。"
别出心裁		【别出心裁】bié chū xīn cái 别：另外；心裁：出于自心的创造和裁断。指另外想出一种与众不同的新主意。

志士仁人		【志士仁人】zhì shì rén rén 原指有高尚志向和道德的人。现指爱国的愿意为国家建设出力的人。语出《论语·卫灵公》。
真心实意		【真心实意】zhēn xīn shí yì 真实诚恳的意愿。指表示没有丝毫的虚伪。语出《元曲选·无名氏<百花亭>三》："常言道海深须见底，各办着个真心实意。"也可作"真心诚意"。
雅人深致		【雅人深致】yǎ rén shēn zhì 雅：雅正，不庸俗；雅人：原指《大雅》的作者，后专指高雅的人；致：意态，情趣。形容人的言谈举止不庸俗。
按图索骥		【按图索骥】àn tú suǒ jì 索：寻找；骥：好马。指照图上所画的去寻求好马。原比喻办事拘泥于教条，现指按照线索去寻找事物。

绘声绘色		【绘声绘色】huì shēng huì sè 绘：描绘。在讲述、描摹事物的情景非常生动，逼真。
万古长存		【万古长存】wàn gǔ cháng cún 永远存在（多指好的精神、品德等）。
不二法门		【不二法门】bù èr fǎ mén 法门：佛教指入道的门径。据《维摩诘经·入不二法门品》记载："如我意者，于一切法无言无说，无示无识，离诸问答，是为了不二法门。"这里指泯灭一切相对概念的差别，达到修成大道的门径。现比喻最好的或独一无二的方法。
涓滴归公		【涓滴归公】juān dī guī gōng 涓滴：小水点，指极小或极少的东西。不应得的财物，虽然极少极微，都要缴公，自己绝不能侵占。

洋为中用	 （六书体）	【洋为中用】yáng wéi zhōng yòng 有分析、有批判地吸收外国的有用的东西，为我国的社会主义革命和社会主义建设服务。
按兵不动		【按兵不动】àn bīng bù dòng 按兵：也作“案兵”，停兵不进；不动：指不行动或不前进。原指作战时掌握一部分力量暂不行动。《吕氏春秋·恃君览》：“简子按兵而不动。”现也比喻接受任务后迟迟不肯行动。
一鸣惊人		【一鸣惊人】yì míng jīng rén 指一叫就使人震惊。比喻平常不露声色，突然做出惊人的事情。《史记·滑稽列传》：“此鸟不飞则已，一飞冲天；不鸣则已，一鸣惊人。”
万古流芳		【万古流芳】wàn gǔ liú fāng 芳：香，指好名声。好名声会永远流传。

平地一声雷		【平地一声雷】píng dì yī shēng léi 比喻突然间发生的重大变动。一般指好的事情。《元曲选·马致远<荐福碑>四》："都则为那平地一声雷，今日对文武两班齐。"
称兄道弟		【称兄道弟】chēng xiōng dào dì 指朋友间互相以兄弟相称。形容关系密切。现多用于贬义。
沉舟侧畔千帆过		【沉舟侧畔千帆过】chén zhōu cè pàn qiān fān guò 沉舟：沉了的船；千帆：很多的帆船；指沉舟旁边有许多帆船驶过。唐·刘禹锡《刘梦得诗集·酬乐天扬州初逢席上见赠》："沉舟侧畔千帆过，病树前头万木春。"也比喻在腐朽的事物周围，新生的事物仍然会不断成长。
两全其美		【两全其美】liǎng quán qí měi 全：成全，顾全。每做一件事都要顾全两方面，使两方面都好。

临别赠言		【临别赠言】lín bié zèng yán　赠言：指在离别时用良言勉励出行的人。分别的时候赠送一些勉励的话或进一些忠告。
谩上不谩下		【谩上不谩下】mán shàng bù mán xià　谩，欺骗。宋·江万里《宣政杂录》："靖康初，民间以竹径二寸，长五尺许，冒皮于首，鼓成节奏，取其声似为戏云。"原是影射当时蔡京、童贯蒙蔽宋钦宗，后泛指反动统治阶级的官吏只欺骗上面的人，对下面的人则无所顾忌，公开做坏事。
镂骨铭心		【镂骨铭心】lòu gǔ míng xīn　铭：把文字刻在石头或金属器物上。形容记忆深刻，永远不忘。多用于对别人的感激。
盲人摸象		【盲人摸象】máng rén mō xiàng　佛经故事，传说几个盲人各自抚摸大象的身体，每个人都以为自己所摸到的一部分就是大象的形状，因此各人所说不一，争论不休。比喻以一点代替全面，看问题片面。

李代桃僵		【李代桃僵】lǐ dài táo jiāng 僵：枯死。李树代替桃树而死。比喻兄弟间互爱互助。亦比喻以此代彼或代人受过。
口尚乳臭		【口尚乳臭】kǒu shàng rǔ xiù 乳臭：奶的气味。口里还有奶的气味。用以表示轻视年轻人。
冷若冰霜		【冷若冰霜】lěng ruò bīng shuāng 若：好像。冷得像冰霜一样。形容对人对事极为冷淡，没有一丝热情。也形容脸色或态度极严肃，难于接近。
扼喉拊背		【扼喉拊背】è hóu fǔ bèi 扼肮：掐住喉咙；拊背：捺住脊背。比喻制敌要害。

不尴不尬		【不尴不尬】bù gān bú gà “不”是衬字，无实际意义。尴尬：不自然。形容事情或举动不正常、不三不四。也形容处境窘迫，办事被动，左右为难。
不知进退		【不知进退】bù zhī jìn tuì 不知道前进或后退。形容言语行动没有分寸。
不学无术		【不学无术】bù xué wú shù 术：技术，技艺。没有学问，没有本领。
不白之冤		【不白之冤】bù bái zhī yuān 白：弄清楚，弄明白。冤：冤枉，冤屈。指无法辩白或无处申诉而无法昭雪的冤枉。形容好人被冤枉。

结驷连骑		【结驷连骑】jié sì lián jì　驷：套四匹马的大车。骑：一人一马。车马紧紧相连。形容车马众多，排场阔绰，高贵显赫。
惊心掉胆		【惊心掉胆】jīng xīn diào dǎn　惊：惊吓。掉：恐惧，战栗。形容十分害怕或担心。
鸡犬不宁		【鸡犬不宁】jī quǎn bù níng　宁：安宁。连鸡狗都不得安宁，形容骚扰得十分厉害。一般用来表示环境很不安宁。
斤斤计较		【斤斤计较】jīn jīn jì jiào　斤斤：明察细微，引申为琐细。谓计较细小的小事或细微的得失。多比喻过分计较无关紧要的或琐细的小事。

才疏学浅		【才疏学浅】cái shū xué qiǎn 才：才能。疏：空虚，浅薄。才能不高，学问不深。多用作自谦词。
不识之无		【不识之无】bù shí zhī wú 唐·白居易《与元九书》中说，他在下生才六七个月的时候，乳母就教他认下了“之”字和“无”字。后来就用“之”、无”代表最简单的字。连最简单的“之”和“无”都不认识。形容人不识字，文化水平低。
彬彬有礼		【彬彬有礼】bīn bīn yǒu lǐ 彬彬：文雅的样子。形容文雅而有礼貌。
画中有诗		【画中有诗】huà zhōng yǒu shī 画里富有诗意。宋·苏轼《东坡题跋·书摩诘<蓝关烟雨图>》：“味摩诘（王维）之诗，诗中有画；观摩诘之画，画中有诗。”

被发缨冠		【被发缨冠】pī fà yīng guān　被：通“披”，披散着。缨：束帽子的带子。冠：帽子。头发松散着顾不得疏髻，帽子戴上了来不及系紧带。形容急于救助他人的状态。
齐大非偶		【齐大非偶】qí dà fēi ǒu　齐：春秋时诸侯国；偶：配偶。《左传·桓公六年》：“齐侯欲以文姜妻郑太子忽，太子忽辞。人问其故。曰：‘人皆有耦，齐大，非吾耦也。’”意思是齐是强国，郑是小国，所以不是对偶。后来就以“齐大非偶”比喻婚姻不是门当户对或双方势位悬殊，难于建立平等关系。
盘根究底		【盘根究底】pán gēn jiū dǐ　盘：盘查。究：追究。盘查根源，追究底细。形容仔细认真地处理事件。
劈头盖脸		【劈头盖脸】pī tóu gài liǎn　劈：正对着，冲着；盖：蒙，压下来。正对着头和脸而来。形容来势凶猛，难以躲避。

夫子自道		【夫子自道】fū zǐ zì dào　夫子：古时对师长的尊称。自道：自己讲说自己。本意是说别人好处，却正道着了自己。也用在不好的一面，意思是指摘别人，却正指摘了自己。
风樯阵马		【风樯阵马】fēng qiáng zhèn mǎ　墙：帆船上挂风帆的桅杆，这里指风帆。风力吹动下的帆，阵上的战马。形容气势雄壮，行进迅速。
河清海晏		【河清海晏】hé qīng hǎi yàn　河：黄河。晏：平静。黄河的水清了，大海平静无波了。比喻天下太平。
含糊其辞		【含糊其辞】hán hú qí cí　糊：不明确，不清晰。辞：亦作"词"，言辞。指话说得含含糊糊，不清楚，不明确。

左宜右有		【左宜右有】zuǒ yí yòu yǒu 无往不宜。形容多才多艺，什么都能做。语本《诗经·小雅·裳裳者华》："左之左之，君子宜之；右之右之，君子有之。"
沐雨栉风		【沐雨栉风】mù yǔ zhì fēng 栉：梳头发；沐：洗头发。风梳发，雨洗发。形容旅途奔波的辛劳。
牛溲马勃		【牛溲马勃】niú sōu mǎ bó 牛溲：牛尿，一说车前草；马勃：马尿泡，一说菌类植物。两种极普通的中草药。比喻东西虽不值钱，却有用处。
披沙拣金		【披沙拣金】pī shā jiǎn jīn 拨开沙子，挑选出金子。比喻从大量事物中挑选精华，也比喻困难很多。

旁征博引		【旁征博引】páng zhēng bó yǐn 旁：广泛。征：搜集。引：引证。广泛地引用材料作为依据、例证。
以屈求伸		【以屈求伸】yǐ qū qiú shēn 以：用。屈：弯曲。伸：伸展。《周易·系辞下》："尺蠖之屈，以求伸也。"意思是尺蠖把身子弓起来是为了向前伸展前进。后用以比喻以退为进。
报仇雪恨		【报仇雪恨】bào chóu xuě hèn 雪：洗刷，除去。恨：怨恨。报冤仇，解怨恨。
敝帚自珍		【敝帚自珍】bì zhǒu zì zhēn 敝：破的，坏了。珍：爱惜。把自己家的破扫帚看成价值千金的宝贝，很爱惜。比喻东西虽差，自己却非常珍惜。

持盈保泰		【持盈保泰】chí yíng bǎo tài 持盈：守住已成的事业。泰：平安 。守住已成事业，保持安宁。指在安宁的生活中谨慎不骄，免招祸患。
宠辱不惊		【宠辱不惊】chǒng rǔ bù jīng 宠：宠爱。辱：羞辱。对受宠或受辱都不感到惊讶，即把得失置之度外。
宠辱若惊		【宠辱若惊】chǒng rǔ ruò jīng 惊：惊惶不安。受宠和受辱都感到惊惶不安。形容人患得患失。
抱关击柝		【抱关击柝】bào guān jī tuò 抱关：守门的；击柝：敲梆巡夜的，更夫。守关巡夜的人，比喻职位卑下。

赤膊上阵		【赤膊上阵】chì bó shàng zhèn　赤膊：光着上身，指不穿盔甲。阵：泛指战场。原指不穿铠甲，裸露上身，上阵作战。形容作战勇敢，毫无畏惧地进行战斗。后比喻没有准备或毫无掩饰地做事。
经纬万端		【经纬万端】jīng wěi wàn duān　经纬：织物的直线叫“经”，横线叫“纬”。端：头绪。比喻头绪很多，需要理清。
缠绵悱恻		【缠绵悱恻】chán mián fěi cè　缠绵：情感萦绕而不能解脱。悱恻：悲苦。形容心情悲苦，无法排遣。后也指诗文情调凄怆而婉转。
补天浴日		【补天浴日】bǔ tiān yù rì　补天：女娲炼五色石修补天上的缺漏。浴日：羲和（太阳神）在甘渊里给她所生下的十个太阳沐浴。“补天浴日”是由以上两个神话合并而成。比喻人有制胜与驾驭自然的雄心与威力。后多形容人力挽危局或世运，功勋卓著。

补苴罅漏		【补苴罅漏】bǔ jū xià lòu　补：补衣服；苴：用草来垫鞋底；补苴：补缀，引申为弥缝；罅：缝隙，漏：漏洞。语见唐·韩愈《昌黎先生集·进学解》。意思是弥补儒学的缺漏。后泛用以表示弥补文章、理论中的缺陷或漏洞。
补偏救弊		【补偏救弊】bǔ piān jiù bì　弊：弊病。补救偏差，纠正错误。
被褐怀玉		【被褐怀玉】pī hè huái yù　被：通“披”。褐：粗布衣服。身穿粗布衣，怀揣美玉。原比喻怀才不露。后比喻虽出身寒苦但有真才实学的人。
蚕食鲸吞		【蚕食鲸吞】cán shí jīng tūn　蚕食：蚕吃桑叶，比喻逐渐侵占；鲸吞：鲸吃东西一口吞下，比喻一举全部侵占。指不同形式的侵略行为。

乌飞兔走		【乌飞兔走】wū fēi tù zǒu 乌、兔：指太阳和月亮，古代传说太阳中有三足乌，所以称太阳为金乌；又传说月亮中有兔，所以称月亮为玉兔。形容时光很快地过去了。
骄奢淫逸		【骄奢淫逸】jiāo shē yín yì 骄：骄横。奢：奢侈。淫：荒淫。逸：安逸，放荡。骄纵、奢侈、淫乱，放荡。形容生活放纵奢侈，荒淫无度。
年富力强		【年富力强】nián fù lì qiáng 年：年岁。富：多。年富：未来的岁月多，指年轻。力：精力。指年纪轻，精力旺盛。
耳鬓厮磨		【耳鬓厮磨】ěr bìn sī mó 鬓：鬓发。厮：互相。磨：擦。头靠得很近，耳边的头发互相挨在一起。形容小儿女朝夕相处亲密无间的情态。形容男女之间相恋相爱的关系。

荡检逾闲		【荡检逾闲】dàng jiǎn yú xián　荡：毁坏；检：约束；逾：越过；闲：节制。形容行为放荡。
大煞风景		【大煞风景】dà shà fēng jǐng　煞：同“杀”，损伤，消减。大大地损伤景物，破坏人的兴致。今多泛指败坏兴致。
寸步难行		【寸步难行】cùn bù nán xíng　寸步：寸步之路，距离非常短。形容走路十分艰难，连很短的路都不容易走。亦形容陷入窘境，无力摆脱。
度日如年		【度日如年】dù rì rú nián　过一天觉得好像过一年那么长久。形容日子难熬。

步履维艰		【步履维艰】bù lǚ wéi jiān　步履：行走。维：文言句首助词。艰：困难。行走十分困难。
不欺暗室		【不欺暗室】bù qī àn shì　指在别人看不见的地方，也不做昧心事。
平易近人		【平易近人】píng yì jìn rén　平易：原指道路平坦宽广，后比喻态度平和。比喻态度和蔼，没有架子，使人容易接近。也形容文字深入浅出，通俗易懂。
不欢而散		【不欢而散】bù huān ér sàn　欢：高兴，愉快。散：分开，分手。很不愉快地分手。

捏手捏脚		【捏手捏脚】niē shǒu niē jiǎo 放轻脚步走路的样子。形容轻薄的举动。
拿手好戏		【拿手好戏】ná shǒu hǎo xì 拿手：擅长。原指演员最擅长的剧目。后用来比喻人最擅长的本领。
宁缺毋滥		【宁缺毋滥】nìng quē wù làn 宁：宁可。缺：缺少。毋：通“勿”，不要。滥：过多。宁可缺少一些，也决不降低要求凑数。
老弱残兵		【老弱残兵】lǎo ruò cán bīng 军队中年老、体弱、伤残的士兵。指军队中丧失战斗力的部分。也比喻年老体弱、能力很差的人。